Argent, transferts, droits TV :
le foot à l'agonie

Questions contemporaines
Collection dirigée par Jean-Paul Chagnollaud, Bruno Péquignot et Xavier Richet

Chômage, exclusion, globalisation… Jamais les « questions contemporaines » n'ont été aussi nombreuses et aussi complexes à appréhender. Le pari de la collection « Questions contemporaines » est d'offrir un espace de réflexion et de débat à tous ceux, chercheurs, militants ou praticiens, qui osent penser autrement, exprimer des idées neuves et ouvrir de nouvelles pistes à la réflexion collective.

Dernières parutions

Danièle FAVARI, *Le référendum d'initiative citoyenne. Mode d'emploi. Pour une démocratie participative*, 20222.
Arnaud MAIGRE, *L'innovation vertueuse. L'économie par les valeurs,* 2022.
Alexandre BAUMANN, *Économie du militantisme, Le paradoxe du cancer militant*, 2022.
Sandy Larose et Ginette Francilus Sanon, *Femme, identité et chrétienté aux temps modernes*, 2022.
Lydia KAMENOFF et Hortense DE VILLAINE (dir.), *L'Empire : centre et périphéries*, 2022.
Vladimir CREȚULESCU, *Ethnicité aroumaine, nationalité roumaine, La construction discursive d'une identité nationale (1770 – 1878)*, 2021.
Fathi BEN MRAD, *Les médiations à l'ère des médiums digitaux*, 2021.
Mohammed ESSAOURI, Abdelouahad MABROUR et Mina SADIQUI (dir.), *Pratiques de classe en contexte francophone,* 2021.
Serge MUKIELE BWANA, *Ces nouvelles barrières érigées après la chute du mur de Berlin*, 2021.
Gilbert BOUTTÉ, *La Crise du coronavirus. L'erreur du président Emmanuel Macron*, 2021.
Dominique TURCQ, *A la recherche du lien social perdu. Vivre et travailler ensemble au XXIe siècle,* 2021.

Olivier Caremelle

Argent, transferts, droits TV : le foot à l'agonie

L'Harmattan

Du même auteur

Par simple humanité. L'accueil des migrants à Grande-Synthe, Les Éditions de l'Atelier, 2020.

5-7, rue de l'Ecole-Polytechnique, 75005 Paris

http://www.editions-harmattan.fr

ISBN : 978-2-343-25491-3
EAN : 9782343254913

À mon grand-père Léon,

Authentique Fivois, supporter du SC Fives et du Losc, qui m'a transmis l'amour du football.

Sommaire

Chapitre 1

Dieu est un trader

L'argent fait tourner le monde.

Depuis que l'espèce humaine a créé, fruit de son intelligence, une manière de monnayer, d'acheter et vendre, l'homme est devenu sans en avoir conscience un capitaliste en herbe. L'Égyptien, le Romain, le Mérovingien, l'Amérindien, et évidemment l'Américain sont, à des degrés divers, des exemples de libéraux comptant sur la richesse pour bien vivre leur vie aux temps d'hier.

Qu'il y a-t-il de différent aujourd'hui pour nos concitoyens ? Juste une question d'échelle et d'indécence.

Puisque la question de l'appétit, pour une partie de la population, était réglée, puisque les questions de la satiété et de la faim étaient enfin assurées, le destin de ces premiers nantis devenait différent. Libéré du combat pour se nourrir, pour vivre, pour manger, boire que reste-t-il à chacun d'entre eux ? La peur du vide et la tentation du trop-plein.

À bien y réfléchir ce qui a permis à l'homme de se mettre debout, d'assurer au fil du temps son existence, à créer des civilisations, à se projeter dans la modernité, ce mouvement inéluctable dans lequel l'intelligence se déploie, le condamne inévitablement à vouloir plus. Toujours plus.

Dieu est un trader assurément.

Puisque Dieu parait si proche, le rapport entre l'homme et la soif de posséder a eu tendance à grossir enfermant affairistes, bourgeois, spéculateurs, traders et milliardaires dans l'inconfort de leur destinée.

Riche ou pauvre, l'être humain reste de passage laissant l'interrogation d'une autre vie et de la trace, du sillon, que chacun d'entre nous laissera sur terre de son éphémère passage.

Il fallut au moins l'homme pour créer l'argent. Quelle que soit sa forme d'échange, l'or, le dollar, le bitcoin et demain toute autre chose, l'argent est la variable de conversion, celui qui permet d'avoir, de posséder, de prendre, d'acheter, de vendre, de spéculer, de vivre, de thésauriser.

L'argent aujourd'hui n'existe que parce que l'on y croit.

Vraiment ? Si chacun d'entre nous allait retirer son argent de la banque qu'adviendrait-il ? Quelques pays ont déjà essayé dans l'histoire, sans que la réussite soit vraiment réellement flagrante.

La forme moderne et fiduciaire de l'argent est basée sur la foi : l'argent n'a que la valeur que nous lui donnons dans un lieu et un moment donné. C'est une équation à trois inconnues constamment revues qui nous divertit.

Si Dieu est un trader, il a aussi, assurément un bon sens de l'humour !

Le petit bout de papier sur lequel nous avons imprimé quelquefois de gros chiffres ne vaut pas matériellement la valeur nominale du billet. C'est comme le contrat passé par Médiapro avec la ligue française de football en fait, pour prendre une image limpide.

Du papier, du papier et encore du papier.

Un jour un milliard. Le lendemain, trois fois rien. Vous me direz c'est encore quelque chose.

« *Le capitalisme ? C'est de la magie à l'état pur.* »

« *Le libéralisme ? C'est de la poudre de perlimpinpin* ! »

L'argent fait tourner le monde. Le communisme lui-même s'est converti.

Mais que dirait Mao revenant en Chine ?

Mais que dirait Lénine revenant en Russie ?

Mais que dirait Georges Marchais revenant en France ?

« *Liliane fait les valises, on repart au paradis.* »

Tous les pays du monde n'ont pas la chance d'avoir un Olivier Legrain.

L'ancien communiste, qui a fait fortune dans l'industrie et devenu psychothérapeute, a créé un fond au nom évocateur de 3 millions d'euros-Riace-pour venir en aide aux migrants. Curieuse destinée pour un milliardaire qui ne brade pas son humanité. Mais bon évidemment, cela reste une belle exception dans notre monde dans lequel les milliardaires ont quand même peu de chances de se ruiner eux-mêmes, et surtout pour les autres.

L'argent a infiltré nos esprits, nos mentalités, nos corps et entrailles, nos esprits, il est devenu le sang qui coule dans nos veines, les cellules de notre corps, les neurones de notre cerveau, il est nos pieds qui nous font avancer ou reculer, notre sexe en érection.

L'argent est notre indécence, c'est notre soumission, c'est l'incarnation même de nos péchés capitaux.

Dieu est un trader.

Nous vivons une époque formidable dans laquelle l'argent nous gouverne. C'est une nanoparticule qui régit le monde, notre civilisation si éclairée, qu'un dollar ou un euro aura toujours droit de cité dans n'importe quel endroit de notre terre. À la condition évidemment d'avoir quelqu'un en face de soi.

Cette histoire est la nôtre, celle de notre vie de tous les jours, celle qui nous fait nous lever et nous fait marcher. Tout dans notre société nous oblige à consommer, à déclencher des envies irrépressibles, s'abonner à Téléfoot, à traiter mieux le superflu que l'essentiel, de nous enivrer plutôt que boire, de gloutonner plutôt que manger, d'accaparer plutôt que de partager.

Même Jean Luc Mélenchon est un propriétaire, c'est dire. Propriétaire honteux certes, mais propriétaire quand même. Je le soupçonne même de s'être abonné, dès 1984, à Canal Plus. C'est dire.

Pierre Rabhi évoque dans ses écrits la « sobriété heureuse », fruit de la frénésie qui est la nôtre aujourd'hui. Vivre pour consommer, notre société est quelquefois celle de toutes les indécences.

L'objet de cet essai est le fruit d'une colère contre une de ces indécences, totalement symbolique de ce que nous faisons, de ce que nous sommes devenus, de nos contradictions profondes, témoin de notre temps et de cette frénésie qui nous pousse vers le précipice.

Une indécence qui parle à toutes les classes, à tous les pays du monde, aux jeunes et moins jeunes, aux hommes et aux femmes, aux riches et aux pauvres.

Elle est une sorte de symbole de l'évolution de notre société, de nos comportements, de nos appétits, d'une économie devenue mondiale, dans laquelle la déraison de l'argent, de son pouvoir mortifère anesthésie la morale, le bon sens et créé les « jeux du cirque » à n'importe quel prix.

Elle évoque le rapport au travail et la place que celui-ci occupe encore dans nos sociétés, les formes d'esclavage moderne, la manière dont on rémunère chacun d'entre nous dans tous les secteurs d'activités, salaire minimum ou maximum, la planète devenue village au temps d'une nouvelle division du travail dans laquelle les frontières sont ouvertes ou fermées, la place essentielle d'une vie en dehors du travail, la place du sport et d'une certaine forme de culture populaire et mondialisée.

Publiée en septembre par le journal Le Monde[1], la Tribune ci-dessous évoquait l'indécence du poids de l'argent dans le sport et notamment le football moderne. Elle évoquait en creux un sport populaire, mondialisé, méga-télévisé, quintessence de nos écarts de conduite.

Ceux d'un monde devenu fou de football, d'un monde de la soule dans lequel l'abolition de l'esclavage a vécu via la soumission des jeunes talents venus d'Afrique ou d'Amérique du Sud, d'un monde dans lequel les prédateurs sont légions entourant les joueurs, les clubs, les fédérations et les ligues, d'un monde où les transferts et les salaires deviennent ubuesques et indécents et posent pour le sport et plus largement la société dans son ensemble la question du salaire minimum et maximum, d'un monde dans lequel le poids des médias et de l'image deviennent absolus, alimentant la faim d'un téléspectateur pourtant repu de football tant l'offre est importante.

Bref, l'indécence du football est la parfaite illustration des maux et dérives qui nous entourent, que nous avons nous-mêmes créés et que nous ne pourrions, pour d'obscures raisons, jamais interroger et encore moins solutionner. Inacceptable !

« La question du poids de l'argent dans le sport, et notamment le football, n'est pas nouvelle. Elle a suivi, crescendo, la montée en puissance des médias, la création des chaînes de télévision et, évidemment, celle d'Internet qui a repoussé les limites des diffusions.

Il est ainsi aujourd'hui possible, lorsque l'on est amateur de football, de regarder peu ou prou n'importe

---

[1] Le Monde, tribune de Olivier Caremelle « Tout aujourd'hui, dans le football moderne, transpire l'indécence », 20 septembre 2020

quel match, à n'importe quelle heure, à la condition de payer.

L'ancien directeur général de la Ligue de football professionnel (LFP), Didier Quillot, pouvait ainsi s'extasier il y a quelques semaines sur l'accord des droits TV, générant des ressources nouvelles pour les clubs et la Ligue. Les droits pour la Ligue 1 sont aujourd'hui de 1,15 milliard d'euros (2020-2024) contre 375 millions d'euros pour la saison 2004-2005 et 122 millions en 1998-1999, soit une multiplication par dix en vingt ans !

Cette nouvelle manne, censée alimenter les clubs et participer à leur bon état de santé financière, pose pourtant quelques interrogations, notamment sur la capacité des usagers à voir et donc à payer.

Jusqu'à une centaine d'euros.

Elle semble déjà lointaine, l'arrivée en France du groupe Canal+, en 1984, acteur historique de la diffusion de tous les matchs de l'ancienne D1, puis au début des années 2000, de ceux de la Ligue des champions et des grands championnats étrangers.

La conséquence logique de ce grand marché libéral ? L'augmentation du panier moyen pour chaque téléspectateur afin de s'abonner, si ce dernier en a évidemment les moyens.

Ainsi, pour la prochaine saison 2020-2021, « le juste prix » de la facture totale montera jusqu'à une centaine d'euros, répartis entre un abonnement mensuel à Canal+ (20 euros), à BeiN Sports (15 euros), à RMC Sport (25 euros), et enfin au nouvel acteur espagnol Mediapro (25 euros).

Toutes les grandes ligues européennes profitent en effet d'une situation de monopole qui leur permet de « saucissonner » les offres pour multiplier les lots et, donc, les rentrées financières. Ainsi, l'arrivée d'un nouvel opérateur sur le marché, tel Mediapro, dope le marché pourtant déjà concurrentiel à souhait. Quitte à ce que les opérateurs, conséquence de leur surenchère, doivent ensuite trouver de nouveaux accords comme celui récent entre Mediapro et Netflix.

Tout cela conforte, pour l'instant, la bulle spéculative autour des droits du football et devrait réjouir les grands décideurs du football français et les clubs dont les dotations vont en effet augmenter.

Il n'est pourtant pas certain que les clubs, entraînés dans ce maelström financier, y gagnent sur le long terme puisque le système d'achat et de vente de joueurs ponctionne l'essentiel de leurs ressources, comme les émoluments des joueurs payés à des niveaux tout à fait déraisonnables.

De fait, le téléspectateur finance par ses abonnements ce système, qui devient de plus en plus réservé à ceux qui ont les moyens de se payer l'accès au sport le plus populaire au monde. Chacun pressent que le modèle de « gentrification » des stades, qui passe par l'augmentation du prix des abonnements pour changer le public, contaminera aussi ceux qui regardent la télévision, à moins que ces derniers ne finissent par se lasser : du prix, cher à payer pour les catégories les plus populaires ; des matchs, considérant que la profusion tue l'intérêt. Sans parler, osons le mot, de la moralité.

Tout, aujourd'hui, dans le football moderne, transpire l'indécence, autant dans les montants des transferts que dans leur principe, affichant le prix du joueur comme on afficherait le prix d'une voiture de luxe.

Sans revendiquer un retour à l'amateurisme, qui n'aurait aujourd'hui que peu de sens, il faut en finir avec cette indécence.

La France pourrait donner l'exemple et offrir un nouveau cadre juridique par deux mesures complémentaires : interdire définitivement l'achat ou la vente de joueurs, pratique curieuse, ressemblant à la vente d'esclaves, même consentie ; et, enfin, décider d'une limitation des salaires, à l'instar des « *salary caps* » de certaines ligues étrangères. Une somme de 30 000 euros maximum représentant déjà plus de vingt fois le SMIC.

Même le patron de l'Union européenne des associations de football (UEFA), le Slovène Aleksander Ceferin, caresse aujourd'hui l'idée d'instaurer un « *salary cap* », pour contrôler la masse salariale des clubs et rééquilibrer un football européen plus que jamais inégalitaire.

Ainsi, tout se tient. Un autre monde est possible dans lequel le sport roi resterait accessible à tous à un prix raisonnable, dans lequel les clubs modéliseraient une entreprise plus humaine et plus stable. Et surtout, dans lequel les joueurs seraient bien payés sans devoir se vendre. »

J'imagine sans peine que beaucoup de lecteurs ne seront pas d'accord avec cette lecture atypique de l'argent roi dans ce sport si populaire. Après tout, ne serait-ce pas le discours bien-pensant et jaloux d'un p'tit gratte-papier ?

Si l'on paye autant les joueurs, c'est qu'ils doivent mériter leur salaire non ? Si l'on « achète » un joueur, c'est parce que la victime est consentante non ?

Si l'on met 30 millions d'euros (200 millions de francs mes amis !), c'est parce que ça les vaut non ?

C'est pourtant Roller Ball avant l'heure.

Le début d'une histoire qui laissera les amateurs de sport et de culture, les ardents défenseurs d'un monde meilleur et plus éclairé, plus solidaire et plus juste, totalement interdits devant ce qui aurait été inéluctable.

Ces questions méritent d'être aujourd'hui posées.

Voulons-nous de la toute-puissance de l'argent dans le sport, la culture, la vie économique et sociale, dans lequel il serait l'alpha et l'Omega de nos relations et plus largement de notre vie ?

Voulons-nous d'une régulation qui combatte les excès, ceux de pratiques liées aux transferts, ceux des salaires des travailleurs en short, ceux des abonnements TV engorgeant nos écrans et en fait très évocateurs de ce que nous acceptons sans réfléchir ?

Les questions que nous posons sont celles du monde et de la société dans laquelle nous vivons, produits évidemment de notre histoire, des évolutions que nous avons consenties ou non, des acceptations d'une théorie, celle d'une pente douce par laquelle nous avons renoncé.

À penser, à réfléchir, à raisonner, à nous interroger.

Tout cela laissant finalement la place à un nouveau monde qui émerge peu à peu sous nos yeux, plus ou moins, écarquillés. Quand certains en prennent conscience, ils dénoncent, et la colère gronde jusqu'à exploser.

Qu'attendons-nous pour réagir ?

Ce qu'il se joue aujourd'hui dans le sport et notamment le football est transposable dans de nombreux autres domaines liés à notre vie de tous les jours : notre vie économique, sociale, culturelle...

D'abord et avant tout sur la question du droit à l'emploi, de la manière dont on considère le travail alors que le chômage connait un essor considérable privant des millions de personnes de ressources pour vivre. Le chômage et la misère n'ont pas de frontières.

Même si l'on en parle peu, préférant glorifier les stars, des milliers de jeunes footballeurs rêvant d'un destin, sont tous les ans rejetés du « magic système ». Comme des centaines de milliers de jeunes qui peinent à s'insérer dans la vie active à l'heure où le débat sur le sort de notre jeunesse est une nouvelle fois posé.

C'est aussi la transposition du débat sur l'indécence des salaires mais aussi de celui du footeux exploité, à travers le sort fait aux ouvriers et salariés et aux grands patrons de l'autre. Des millions à gogo pour les uns, des miettes pour les autres.

Continuons et la colère grandira.

N'y a-t-il pas mieux à faire dans le monde du sport, de la culture, dans celle de notre société pour penser autrement le rapport entre travail et salaire sans soviétiser notre pays ?

La possibilité de payer au SMIC a longtemps été refusée par l'Allemagne considérant que cela offrait la possibilité et la tentation de payer moins les salariés. En ce qui nous concerne en France, nous l'avons créé comme une protection minimale sinon cela aurait été pire. Mais le débat qui surgit aujourd'hui est aussi celui des ressources minimales pour vivre pour ceux et celles qui n'ont rien.

Celle d'un revenu de base et d'une dignité pour chacun. C'est un débat politique certes mais aussi un débat de société. Il épouvantera ceux et celles qui préféreront par intérêt, cynisme ou encore bêtise, les trois pouvant se cumuler, laisser faire.

Les feux sont pourtant au rouge et il faudra inventer quoiqu'il en coûte une autre façon de faire société avant d'être rattrapé par la patrouille.

Il ne s'agit pas de renier la modernité du sport mais de fixer de nouvelles règles sans lesquelles la bulle explosera comme elle est en train d'exploser en France sur l'affaire des droits TV. Pour une déclaration des droits TV et du citoyen ! D'autres sujets sensibles questionnent beaucoup.

Faut-il limiter les salaires des footballeurs et créer en même temps un *salary cap* pour limiter les dépenses des clubs, comme c'est le cas dans le pays où l'argent est presque une divinité, les États-Unis d'Amérique ?

Plus grave encore, continuerons-nous à fermer les yeux sur des pratiques moyenâgeuses ? Celles qui consistent à rendre moralement suspects les transferts de joueurs, l'organisation de filières de recrutement notamment en Afrique sans que personne ou presque ne les dénonce.

Il y a pire que le mépris : l'indifférence.

Suit la résignation.

Dieu est un trader.

Chapitre 2

Du foot à la chaine

Il fut un temps pas si lointain où le sport et le football en particulier se regardaient peu à la télévision. Évidemment c'était un autre temps, celui de ma jeunesse dans lequel peu de chaines existaient. Elles étaient d'ailleurs toutes publiques avant que l'émergence d'un monde ouvert sur la totale liberté ne secoue le paysage médiatique et lui donne peu à peu la configuration d'aujourd'hui.

C'est en définitive toute l'histoire de la création, de la diffusion puis de l'explosion des médias dont il s'agit, totalement couplée à l'émergence des technologies. Tout a concouru à la prolifération de l'information et du divertissement, au sens large, via la multiplication des réseaux et des flux.

Là où la puissance publique dominait et contrôlait pendant longtemps télévisions et radios, un nouveau monde a surgi avec l'arrivée des groupes privés en France comme dans de nombreux pays du monde, excepté les dictatures. La civilisation des loisirs, post Seconde Guerre mondiale, trouvait alors un réceptacle dans l'appétit des peuples à vivre encore plus et mieux et dans lequel la télévision allait jouer un rôle crucial. La France n'échappa pas à cette mécanique avec la création de quelques chaines, de l'ORTF, pour le contrôle de l'information et ponctuellement le divertissement, fût-il sportif, des Français.

Chacun se rappelle l'histoire. Valery Giscard d'Estaing démantèle l'ORTF en 1974, Mitterrand met sur les rails en 1984 la création de Canal Plus, première chaine généraliste à péage, feu la Cinq surgit avec strass et paillettes en 1986 alors que TF1 est « maçonnée » en 1987 par le rachat de Bouygues. M6 apparait.

La porte s'ouvre. En grand. Toutes ces chaines publiques et privées sont aspirées par la tentation et le besoin de délivrer de nouveaux programmes pour le grand public, conforter leurs audiences et modéliser une économie plus ou moins viable. La Cinq l'expérimentera à ses dépens, préférant miser sur la médiocrité et prenant les Français pour ce qu'ils ne sont pas. « *Une télé pour Hanouna !* »

Dès lors, mues par cet appétit et cette concurrence, les chaines considèrent le sport comme un vecteur essentiel, fort d'une caractéristique intrinsèque aux pratiques sportives : la retransmission en direct des compétitions pour contenter les publics toujours plus aux rendez-vous, notamment pour le football, le tennis… Les grands éléments sportifs mondiaux, coupe du monde de football, grands chelems de tennis, formule 1, championnats du monde de boxe… sont déjà la proie des chaines et de leurs annonceurs. Publicités et rentrées financières garanties.

L'arrivée des chaines cryptées change la donne et apporte avec des concurrents supplémentaires un appétit renouvelé en termes de consommation de sports à la télévision. Après des débuts douloureux, Canal Plus s'impose. En patron.

Face à ses concurrents. Aux téléspectateurs, qui y trouvent cinéma, sports et divertissements, qui, dans un esprit de liberté, apportent un air très frais.

« Tu entends M'sieur Bolloré ? »

La technologie numérique amplifiera comme jamais le phénomène permettant à des multiples chaines de se créer, posant là encore la question des programmes à acheter, créer puis diffuser. Et plutôt en exclusivité concernant le sport.

Le cas de Canal Plus est criant. Il est loin la petite chaine cryptée de 1984. Aujourd'hui, Canal Plus aux mains de Bolloré, signe des temps, est un groupe pesant sur l'Europe entière et qui, en France, multiplie les canaux et chaines de diffusion. On comprend, dès lors, les enjeux terribles liés à la création de programmes et évidemment aux achats incontournables notamment pour les sports et le cinéma.

Enfin, notre monde, totalement connecté d'aujourd'hui, est aussi celui des grands opérateurs mondiaux, ces fameux GAFA aux finances et prétentions gargantuesques qui arriveront tôt ou tard sur ce marché avec des moyens colossaux. Dans tous les cas, supérieurs aux chaines classiques et aux opérateurs majoritaires sur ce créneau. C'est déjà le cas pour le cinéma à la fois sur la question des financements et achats de films mais aussi sur la création et la diffusion… Hors des lieux dits du Cinéma !

« On vit vraiment une époque formidable mes amis. »

Aujourd'hui il est impossible de savoir combien de chaines existent dans le monde ou même en France. Même la Corrèze de notre ami François Hollande doit disposer de plusieurs chaines locales retransmettant un contenu digne à se pâmer pour l'éternité.

« Ici Tulle… Cognac Gay, vous m'entendez ? »

Internet en a remis une autre couche conférant à la liberté de faire, d'émettre et de recevoir une prééminence tout à fait absolue. Avec tout ce que cela signifie.

Des apprentissages à l'ouverture au monde en temps quasi réel. Des manipulations à la fermeture des esprits pour ceux qui manipulent et ceux qui sont manipulés… Bref le meilleur et le pire avec une régulation aléatoire.

Ah de mon temps comme qui dirait l'autre. Ah oui c'est vrai de mon temps je voyais un match de vrai football de temps en temps.

« *Lopez passe le ballon à Janvion. Janvion fait une longue transversale pour Synaeghel qui remise pour Michel, et c'est le but des Verts.* »

Je saute dans les bras de mon grand-père Léon. Ça nous fait un souvenir pour l'éternité !

Mazette j'en frissonne encore.

Bon évidemment c'était pour moi, moins un problème de chaines que de Télé. Nous n'en avions pas ! Et il fallut attendre que les prix baissent pour que les grands-parents achètent une TV noire et blanche aux boutons pressoirs qui claquaient. Au moins quand on zappait on savait pourquoi, il fallait se lever.

Je me demande même si je ne vais pas créer une association « anti-zapette ». Quand on y réfléchit, ça prend tout son sens non ?

Aujourd'hui ni la main, ni les doigts, ni les jambes, ni les orteils ne tremblent. Le cerveau commande et c'est la zappitude permanente ma chère Ségo. Permanente !

« *Reviens ségo, ils sont devenus fous* ! »

Un match de temps en temps donc. À la télé ou au stade. De préférence à Lens au stade Bollaert ! Avec l'odeur garantie de la bonne frite lorsque nous arrivions sur le parking du bus venant de Saint-Quentin. Et une visite au grand-oncle qui tenait le bar du Sporting devant le stade. Avec le plaisir de voir quelquefois le druide, M'sieur Leclerc.

« *Un grand joueur, un grand homme !* »

Bon les p'tits jeunes, cherchez sur vos smartphones de qui je parle.

M'sieur Leclerc est désormais mort. Paix à son âme. Pas sûr qu'il ait particulièrement aimé les évolutions du monde dans lequel nous vivons et nous débattons.

« *Dis Gervais, t'en penses quoi toi ?* »

Aujourd'hui c'est du foot à la chaine. À quasi toute heure du jour et de la nuit l'on peut zapper pour se délecter d'un match du championnat paraguayen, brésilien, biélorussien (si si ça existe) et même français. Bon évidemment on a eu chaud avec l'écran noir qui se profilait pour la France en 2021. Nous aurions eu l'air fin. Mon petit doigt me dit d'ailleurs que cette aventure croquignolesque a pu faire sourire ailleurs. Et même inquiéter.

Nous aurions pu regarder avec tendresse n'importe quel match sauf ceux de nos bipèdes gaulois. Savoureux non ?

Dieu est un artiste. Respect absolu.

Jusqu'au milieu des années 80 donc, il y avait ainsi peu d'autres moyens que de regarder du football que sur TF1 ou Antenne 2 et très ponctuellement la 3. L'arrivée de Canal Plus est en cela un séisme. En achetant la Division 1 de l'époque elle offrait une exposition jamais connue à nos footeux, aux clubs et aux instances de la ligue et de la fédération. Elle offrait déjà un premier contrat qui en appellerait d'autres malgré la concurrence de plus en plus ouverte et acharnée avec les autres chaines émergentes.

Le monopole d'hier vola en éclats. D'autant plus facilement que la grille des programmes proposés sur le sport et notamment le football était parcimonieuse. Les termes de l'échange bougeant, montée en puissance des chaines, appétit des téléspectateurs, investissement massif de quelques personnalités pour construire des empires audiovisuels, tout en quelques années allait changer. Ce n'était pas une évolution mais une révolution. Et pas silencieuse du tout.

On peut comprendre la situation dans laquelle se trouvaient les propriétaires des droits TV. Ils étaient assis sur une montagne d'or et ne le savaient pas ou que peu. Ce n'était pas à l'époque, même si leur instinct pouvait leur dire le contraire, leur « éducation ». Il faudra l'arrivée d'autres dirigeants, d'autres personnalités aux manettes, peut-être moins férus de sport et plus sensibles au climat budgétaire, pour changer la donne.

Jean Claude Darmon joua par exemple en France un rôle tout à fait essentiel dans la vision d'un monde de football « banquable » avec sa société Mediafoot.

C'était le Médiapro de l'époque mes amis !

« *Eh les gars, y a un paquet de fric à se faire ! Arrêtez vos boursicotages à la noix, j'ai un plan moi. On va vendre les droits de foot de la Division 1.*

Dis Jean-Claude ? Ça va ce matin ? Vendre les droits du foot français ? C'est une blague non ? Jean Claude, really ? »

Chapeau l'artiste ! Il l'a dit et il l'a fait. Macron a adoré parait-il.

Chacun d'ailleurs a pu trouver cela génial et enthousiasmant. On ne verrait à l'avenir, de plus en plus et de mieux en mieux, de football à la télévision puisque l'on se battrait presque pour diffuser le match entre Garenne Colombes et Draveil. Je vous rassure, j'adore Draveil mais bon… Tout cela a eu quelques conséquences.

La prolifération des matchs tout au long de l'année qui ne s'arrêtent jamais dans les deux hémisphères. Je soupçonne même nos amis inuits d'avoir un championnat. Rafraichissant non ? La saturation de nos écrans et de nos cerveaux, pas toujours disponibles, est telle que l'on ne voit plus le ballon rouler droit.

« *Il flotte ce ballon, ce n'est pas possible autrement.* »

La gratuité quasi totale d'hier a presque entièrement disparu. Aujourd'hui on paie. Une fois, deux fois, trois fois au rythme des abonnements que nous devons prendre pour suivre un peu, beaucoup, à la folie, cet art du ballon rond et de sa maitrise qu'est le football.

Et comment dire ? Nous avons la furieuse impression que tout cela n'est pas fini. Du tout.

Dieu est un artiste ! Je l'adore.

Comment tout cela a véritablement commencé en France ?

Encore un coup de François. Le vrai, le seul, l'unique hein !? Mitterrand.

Il envoya son collaborateur le plus direct, André Rousselet fonder Canal Plus.

« *Mais quel génie, même pour un socialiste. Il nous manque le père François, on en a plus des comme ça maintenant.* »

Bon évidemment, on ne pouvait pas non plus raser gratis. Tout ça avait un prix sinon un coût. C'était bien beau d'offrir, j'aime bien ce mot, aux Français de nouveaux programmes, flambants neufs, il fallait quand même se creuser les méninges pour les produire et les acheter. Tout le contraire de Médiapro et 36 ans plus tôt.

Chapeau !

Et demander aux abonnés, un p'tit écot. La gabelle ayant été abolie. Dieu créa donc les chaines cryptées. Il faut se souvenir de cet écran flouté et grésillant alors même que se jouait le 1er match diffusé par canal Plus.

Créée cinq jours plus tôt, la chaîne cryptée frappait un grand coup le 9 novembre 1984 en proposant la diffusion des grandes affiches du championnat de France à ses abonnés. Et c'est par un match entre les deux derniers champions que l'aventure débutait, avec le duo Charles Biétry/Michel Denisot aux commentaires.

Le FC Nantes et l'AS Monaco dominaient alors le football français en ayant remporté à eux deux cinq des dix championnats précédents. Bon Monaco ça parle à peu près à tout le monde. Mais Nantes ?

« *Vous êtes sûr de l'info ? C'était avant l'ère Kita non ? C'est pas possible autrement.*

Mazette. Nantes ! Comme vous y allez. Vous êtes certain ?! »

Avec l'entremise de M'sieur Darmon, un accord fut rapidement trouvé entre Canal Plus et la ligue française de football permettant de diffuser 20 matchs, en direct, par saison.

C'était à l'époque révolutionnaire puisque les amoureux du football devaient se contenter à cette époque de quelques miettes et minutes de retransmission, souvent par l'intermédiaire des actualités nationales et régionales ou par l'entremise des magazines TV, Téléfoot (le vrai hein !) et Stade 2.

Sinon le plan A, c'était pour ceux qui n'habitaient pas très loin d'aller directement au stade et pour les autres d'attendre la révolution du numérique, quitte à payer. Beaucoup. Même si cela n'est pas obligatoire.

Les premiers abonnés de Canal Plus payeront donc 120 francs par mois et pour 12 mois. Un peu plus de 18 euros par mois ce qui pour l'époque était déjà conséquent.

« *Mais que voulez-vous mes amis, quand on aime on ne compte pas.* »

Et les Français aiment. Le foot.

Bon évidemment cela n'a rien à voir avec un vrai amateur, Anglais ou Britannique. Mais peu à peu se sont constitués une histoire, des moments, des attentes qui ont besoin d'être comblés pour s'affranchir totalement ou partiellement de toute frustration.

Le foot est devenu un dérivatif pour combler nos existences. Un supplétif de notre âme qui nous pousse hors du temps et hors du monde pour un bref moment. Ce peut être cet instantané d'éternité au but de Giresse (Alain pas

Thibault hein) dans la coupe du monde 1982. Ah ce but ! Tout le monde a oublié, mais quelle passe de Didier Six !

Ce peut être aussi un match « flamboyant » entre Nancy et Rennes débouchant sur un calamiteux zéro partout et dans lequel le ballon ne s'est jamais approché à plus de 45 mètres des buts de chaque case.

« *Eh oui que voulez-vous pour avoir ponctuellement le meilleur, il faut aussi subir le pire mes amis.* »

Le monopole du vide vola donc en éclats, remplacé par celui de Canal Plus qui vivra quelques années fastueuses avant d'être rattrapé, elle aussi, par la patrouille. S'il y a en France une exception culturelle, il n'y'a pas d'exception sportive. « *Faut pas non plus pousser.* »

En quelques années, fort de ses ambitions, de stratégie et de la qualité de ses programmes fussent-ils payants, le groupe Canal Plus devint un acteur Européen essaimant en Italie, en Espagne, en Belgique et Espagne. Pas une télé de maçon ça !

Le numérique arrive. Canal embraye. Ce sera en 1995 le lancement de Canal Numérique. Précurseur un jour, précurseur toujours. Dans toute l'Europe le même mouvement se construit avec des acteurs mondiaux comme Murdoch. La Premier League a été le laboratoire de l'argent roi, les autres ligues suivront, happées par les possibilités de bien se vendre et de faire prospérer les clubs professionnels et éventuellement les clubs amateurs.

Les nuages pourtant arrivent. Puisque le privé, chaines à péage, a démantelé le monopole public, pourquoi la concurrence du privé n'éclaterait pas ? Au grand jour.

C'est le cas en France avec l'arrivée du bouquet, quelle poésie mes amis, de TPS en 1996, pour concurrencer Canal Plus. Je les entends ces nouveaux parvenus.

« On va leur faire la peau à ces gauchistes de Canal ! »

Pression maximale. Le cout d'acquisition des droits est parti déjà, il y a 25 ans, pour grimper. Et s'affoler.

« *Ben oui faut bien payer avant de diffuser mes amis.* »

Les commentaires de la presse et l'état de l'opinion publique sont clairs. Tout le monde a compris que l'offre sportive et footballistique sera plus importante, plus conséquente et qu'il faudra bien payer pour cela.

Ce qui d'ailleurs me laisse songeur aussi bien hier qu'aujourd'hui. Comment s'extasier devant les fortunes offertes aux ligues (et demain directement aux clubs ou aux joueurs ?), alors que la première conséquence sera la dilution des matchs et la tentation de multiplier les abonnements sans aucune garantie sur le spectacle ?

C'est sous cette amicale pression que les journées de championnat éclateront comme du maïs chauffé. Popcorn assuré.

Un match le vendredi soir, quelques autres samedi après-midi, à 14 heures, 17 heures, 21 heures puis ceux du dimanche après la messe pour finir avec l'affiche du Dimanche soir.

« *À la condition de payer et d'être divorcé, il vous est impossible de rater un match. Ou alors vous le faites exprès mes amis.* »

Évidemment tout cela n'a pas été linéaire et l'histoire des médias raconte bien ce qu'a été pour le football et toutes les autres diffusions la montée inexorable de la concurrence érigée comme dogme du libéralisme. Cette histoire a été aussi celle de réussites flamboyantes et d'échecs catastrophiques, d'échec industriel ayant ravagé ces capitalistes en herbes et aussi toutes celles et ceux qui travaillaient pour eux.

On en parle un peu moins, il est vrai. Beaucoup moins.

C'est l'histoire d'ISL (International Sports Leisure) déclarée en faillite en 2001 laissant une dette que l'on croyait colossale de 300 millions de dollars. L'agence préférée de la FIFA et du CIO n'a pu résister à la perte des droits des JO de 1995 qui scella sa mort définitive quelques années plus tard.

Cela fait penser à cette image terrible du canard à qui l'on a coupé la tête et qui continue mécaniquement à avancer jusqu'à s'effondrer.

C'est l'histoire de la plus grosse faillite en Allemagne depuis 1945, celle du Groupe Kirch qui s'effondrera avec une dette cette fois-ci absolument colossale de… 5,7 milliards de dollars. 5,7 milliards de dollars ! Record à battre !?

« *Mazette, je n'ose même pas calculer ce que cela peut représenter en francs !* »

Comme Murdoch ou Berlusconi, notre ami Kirch a fondé un empire médiatique jusqu'au moment de s'attaquer aux droits sportifs

KirchMedia obtient après la faillite ISL les droits de diffusion exclusifs pour les Coupes du monde de football 2002 et 2006, rachetés à la Fédération internationale (FIFA) à hauteur de 1,3 et 1,6 milliard de francs, soit 2,9 milliards au total.

Coup de maitre ?

Considéré jusqu'alors comme un mammouth en termes médiatico-sportifs, le groupe allemand Kirch, basé à Munich – bouquet de TV à péage Premiere World, participations dans de multiples consortiums telles les Éditions Axel Springer, les productions de films Constantin, la TV espagnole encore Mediaset de Berlusconi en Italie, le holding SLEC qui gère la Formule 1 se trouve pourtant au bord du gouffre.

Or, le groupe Kirch ne peut faire, dans le même temps, face aux exigences de ses créanciers alors estimées à plus de… 8 milliards !

Le vieux Léo avait cette formule bien en bouche : « *Le secret de la réussite, consiste à avoir toujours un peu plus d'actifs que de passifs.* »

Il finit par avoir raison de lui-même. Sacré Léo !

Cela devrait frapper la mémoire de notre James et de Médiapro. Le passé est déjà constellé d'accidents et de vicissitudes à l'image d'un jour sans fin. Mais nous avons une fâcheuse tendance à oublier et à répéter les mêmes erreurs.

« *C'est le goût du risque ? Le risque du goût ?* »

Bref, plus personne ne sait.

Déjà à l'époque, personne n'était inquiet. Bah non, évidemment. Un empire industriel, médiatique ou de toute autre nature, ça ne risque rien. C'est de l'or en barre comme dirait Feu Goldman Sachs !

« *Allez-y, c'est sans risque, investissez, achetez, consommez, faites-vous plaisir nom d'une pipe. À quoi ça sert d'être pauvre et de mourir quand même ?* »

Dieu est vraiment un trader.

À l'époque donc, au siège de la FIFA, à Zurich, on évite de céder à la panique.

« Pour les droits TV du Mondial 2002, la quasi-totalité du montant dû a été payée, excepté 100 millions qui devraient rentrer après la compétition », expliquait le secrétaire général Michel Zen-Ruffinen[1].

« Nous ne risquons rien, ajoute-t-il, puisque tout est couvert par des garanties bancaires irrévocables. » « Pour 2006, un plan d'urgence a été établi... Si la société détentrice de ces droits capote, soit nous les revendrons à un autre acheteur, soit nous les reprendrons à notre compte via une entité interne à créer. » « Le hic, conclut Michel Zen-Ruffinen, c'est que les enchères ont été calculées, en 1997, en fonction d'un contexte économique favorable, qui a subi une grave crise depuis lors. »

Toute ressemblance avec d'autres scénarii...

Directeur du Centre de droit et économie du sport à l'Université de Limoges (France), Jean-Pierre Karaquillo

---

[1] Le Temps, interview Fred Hirzet, 15 mars 2002

analyse ainsi la situation[1] : « La décision politique de libéraliser le marché des droits TV du Mondial de foot me paraît inappropriée, dans la mesure où le service public ne peut plus se les offrir. À terme, l'impact télévisuel et les ressources de la FIFA pourraient en pâtir. Cela dit, la commercialisation de la Coupe du monde s'apparente à celle des produits rares. Il n'existe aucune limite prévisible, mais un seuil de rentabilité à respecter. Si la finalité de la FIFA se situe uniquement au niveau financier, la compétition devenant un épiphénomène, elle risque de ne pas distinguer le sommet de la courbe et de dégringoler par la suite. Mais le point de non-retour n'est pas atteint, car le continent asiatique – en particulier le colossal marché chinois – s'ouvre au ballon rond. Grâce à ça, le public captif et les droits de retransmission augmenteront encore. »

La loi de l'offre et de la demande organise le « Laissez-faire. »

À la fin, il restera le meilleur. Le survivant. Celui qui aura la possibilité sinon de recréer un monopole, du moins la possibilité d'être dominant. C'est le cycle de la vie. De la nature. Du football. À la fin, c'est toujours le Bayern ou le Barça qui sont champions, non ? À la fin, c'est toujours le Brésil ou l'Allemagne qui sont championnes du monde non ?

C'est dans la même période en 2004 que nos amis de Canal Plus reprennent la main sur le championnat de Ligue 1 pour la bagatelle de 650 millions d'euros par saison. Soit le double quasi de ce que touchait la Ligue jusqu'alors. Exit TPS absorbée, fusionnée, engloutie et digérée par Canal quelques mois plus tard.

« *En définitive on peut se demander si là n'est pas toute la morale de l'histoire : manger ou se faire manger* ! »

---

[1] Le Temps, interview Fred Hirzet, 15 mars 2002

Victoire par KO de Canal Plus qui, au lieu de renoncer, a préféré une nouvelle fois investir quitte à payer plus que de raison. Mais bon, on ne se refait pas. Je me demande quand même si, pendant toute cette période, le PDG et les actionnaires de canal ont vraiment regardé les matchs diffusés.

« *Mais bon si quelqu'un veut mettre autant d'argent pour un spectacle pas toujours garanti, il n'y a aucune loi contre l'inconscience. La liberté, c'est bien connu, ça n'a pas de prix. Funs nos amis de Canal quand même !* »

Certains historiens, apprentis moqueurs, estiment que c'est ce futur accord qui décida le comité central du Parti communiste de mettre fin à la participation des ministres communistes au gouvernement de Laurent Fabius en juin 1984. Exit donc Charles Fiterman, Anicet Le Pors, Jack Ralite et Marcel Rigout.

De son côté, le Conseil régional du Nord-Pas-de-Calais de M'sieur Percheron, pourtant goûteur de football, supprima alors (à l'unanimité) dans son budget 2005 les subventions de 750 000 € chacune qu'il allouait aux centres de formation des clubs de football de L1 de Lens et Lille, pour les reverser aux clubs sportifs amateurs. Selon le président du groupe communiste, Éric Renaud, l'attribution des droits TV, « a été le déclencheur ».[1]

Il était déjà loin le temps où Canal Plus payait en 1984 deux millions d'euros la saison de foot de la division 1 pour son arrivée dans le paysage des médias.

Le scénario se répète à chaque fois qu'un nouvel opérateur apparait et que monte la concurrence. À la nuance près qu'acheter des droits est une affaire, il en est une autre de produire du football en les diffusant via une ou des chaines. Cela suppose évidemment des moyens, de l'investissement, une expertise, de bons consultants et

[1] AFP, 21 décembre 2004

pour couronner le tout de bons clients, fidèles si possible pour éviter tout accident.

Le succès de Canal a répondu à tous ces critères et aux innovations déployées pour filmer les matches comme personne ne le faisait à l'époque. De même aujourd'hui.

Pour qui a déjà regardé un match sur M6, c'est la dépression garantie. De fait, pour que cela soit supportable, il faut couper l'image et le son.

Lorsque feu France Télécom, Orange donc, investira dans la boite à images en acquérant une partie des droits via Orange Sports, la mayonnaise ne prit pas. Faute d'acheter via l'appel d'offres de « bons matchs », les affiches, Orange sport diffusa « du foot ». C'est un peu comme le miel si vous voulez. Il y a miel et miel comme dirait mon ami Arnaud Montebourg ! Du made in France, de l'appellation contrôlée, et tout le reste !

Mazette vous avez déjà consommé du miel mélangé de Roumanie ? Un coup à regarder M6 avec son et image.

Bref, faute d'abonnés, Orange Sport plafonna, plafonna et cessa d'émettre.

« *Allo Cognac Jay ? On a encore perdu une chaine* ! »

Décidément c'est un art à la Française cette affaire.

Depuis rien n'a changé. Cela a seulement empiré et pris le niveau de la démesure.

« *Vous le voyez arriver mon p'tit milliard à la mediapro* ? »

Toutes les frontières ont explosé.

Celle des prix et des couts d'accès. Du sport, du football ou des spectacles culturels et divertissements. Ce qui n'est pas gratuit est rendu payant sinon à être condamné par la pauvreté des programmes ou à l'indigestion des publicités. Nous aurons la charité chrétienne de ne pas citer d'exemple pour ne pas fâcher M'sieur Hanouna et consorts.

Bon évidemment, chacun peut regarder, surtout si c'est gratuit hein !

Ce qui est commun a certes un prix et il faudrait trouver un juste milieu pour éveiller, diffuser, acculturer notre jeunesse et tous les autres pour ne pas avilir et abêtir.

« *Reviens Camus ils sont devenus fous !* »

Celle de la télévision ou plus largement de tout ce qui peut aujourd'hui servir de support de diffusion et de captation, ordinateur, tablette, téléphone et TV donc multiplient les occasions de voir et de payer à moins d'être le roi du piratage ou doué pour le streaming.

Il faut voir ce gamin qui cherche à faire tourner la photo du catalogue de la Redoute sans comprendre que l'image est fixe.

« *Eo mon tchiot, c'est un magazine. En papier. J'vous jure, les parents quand même !*

Encore un futur abonné de canal ? »

Chapitre 3

La Casa Del Papel

Quelle affaire de cornecul ! Abracadabrantesque aurait dit le père Jacques.

Dieu décidément est un petit génie. En donnant l'occasion aux hommes et aux femmes d'être imaginatifs à souhait, il inventa par leur entremise « les droits TV » et permit même la naissance, au siècle dernier, de Jaume Roures qui deviendra gauloisement célèbre.

Dès lors tout était permis, il suffirait d'attendra que la mécanique céleste mette tout en place. Puisque Dieu a devant Lui l'éternité, il ne faut pas s'étonner qu'il puisse nous fabriquer d'aussi belles histoires que même un scénariste basé à Los Angeles, après 30 ans de carrière, ne pourrait jamais penser.

Quel talent !

Mais qui est donc notre impétrant ? Jaume Roures ? Comment ? Qui donc ?

Inconnu au bataillon, du moins en France, il émergea sur la scène médiatique et footballistique en proposant le « deal du siècle » à la Ligue nationale de Football, leur faisant miroiter un chèque de plus d'un milliard. Le pire dans l'affaire c'est que les dirigeants de la Ligue y crurent. Et signèrent. À la grande fureur et au grand désarroi de M'sieur Bolloré et M'Saada.

Jaume Roures est un homme d'affaires espagnol de 70 ans, patron de Mediapro et de Téléfoot, chaine créée pour diffuser le spectacle flamboyant de la Ligue 1 et de la Ligue 2, jusqu'en 2024.

Alors c'est quel genre justement ce Jaume Roures ?

Au physique de radio, c'est un autodidacte, aucun diplôme en poche, qui se revendique trotskiste, marxiste, ancien militant du Front ouvrier de Catalogne et de la Ligue communiste révolutionnaire.

« *Mazette ! C'est le Che Guevara des temps modernes. Un coup à lui filer la nationalité française.* »

Nous en France, nous n'avons pas en stock ce genre de profil. Ceux et celles qui dirigent de telles sociétés ou entreprises ce sont des ex. Des ex de HEC,

Essec, Polytechnique, ENA et consorts. Des p'tits gars à la tête bien pleine, blonds ou bruns, aux écoles prestigieuses et qui ont rarement voté à gauche et encore moins passé un peu de temps en prison. C'est vrai que la prison, ça doit faire réfléchir. « *Dis Jaume, tu en penses quoi* ? »

Jaume a passé deux ans en prison sous la dictature franquiste. Ah ouais quand même !

Après la chute de Franco, il part au Nicaragua pendant trois ans, aux débuts de la révolution sandiniste. Il a alors 28 ans, et quand il rentre, il se lance dans l'audiovisuel.

« *Bon là c'est sûr, c'est pas un parcours à la Bolloré.* »

Certains le décrivent comme diabolique, d'autres comme un génie visionnaire. Loyal pour les uns, il est sans scrupules pour les autres. Lui, affirme que c'est toujours l'éthique qui guide ses choix. On a vu le résultat…

Né dans le quartier barcelonais du Raval, Jaume Roures grandit dans une famille d'adoption pauvre. Il commence à travailler dans une imprimerie à l'âge de 14 ans.

Après avoir passé un diplôme, Jaume Roures devient chef de production à TV3, la télévision publique catalane2. Il y organise la première grande grève qui paralyse la chaîne, ce qui le conduit à être renvoyé de son poste pour rejoindre le service des sports.

Sa négociation, en 1988, des droits du FC Barcelone pour TV3, auprès du président du club, est considérée comme « son premier coup de maître ». Ayant quitté TV3, à cause d'un désaccord sur la manière de traiter la guerre du Golfe, il est ensuite embauché par le groupe Dorna Sports, qui gère les droits du Grand Prix moto2.

Il quitte Dorna Sports en 1993 : il avance comme motif son désaccord avec l'entrée au capital du banquier Mario Conde. Il crée enfin Mediapro en 1994.

Avec un petit capital de départ, la société acquiert les droits du championnat d'Espagne de basket-ball, puis investit dans les droits du football, jusqu'à devenir l'un des principaux acteurs de la production audiovisuelle et des droits sportifs, avec plus de 7 000 salariés dans 26 pays.

En 2006, il obtient, après appel d'offres, le contrôle de La Sexta, dernière chaîne de télévision libre analogique.

Il crée en 2007 puis soutient le journal Público, qui mène campagne pour la gauche radicale, puis Podemos, et qui fait faillite en 2012.

Selon Le Monde, « la faiblesse des indemnités versées à des salariés du journal – le minimum fixé par la toute nouvelle réforme du travail du Parti populaire (PP) – fait scandale dans les équipes du dirigeant trotskiste, tout comme sa manœuvre pour empêcher les salariés de racheter le titre ».[1] Il se sépare également de La Sexta, fusionnée avec le groupe Atresmedia, dont il obtient une participation.

---

[1] Le Monde, « Jaume Roures, magnat du football et trotskiste malgré lui » Sandrine Morel, 14 juin 2018

Militant dans sa jeunesse au Front ouvrier catalan, il est incarcéré plusieurs fois pour des actions de propagande ou des réunions interdites par la dictature

De retour en Espagne après avoir voyagé aux États-Unis et en France, il intègre le bureau politique de la Ligue communiste révolutionnaire, avec pour responsabilités l'appareil du parti et son imprimerie, ainsi que le « secrétariat unifié » de la Quatrième Internationale.

Il soutient Podemos, entretenant de bonnes relations avec son dirigeant Pablo Iglesias Turrión, ainsi que le droit à l'autodétermination de la Catalogne. Jaume est la vivante preuve que l'on peut être de Gauche et avoir le sens des affaires. C'est un peu comme Emmanuel Macron en 2017 si vous préférez.

« *Sur un malentendu, ça peut passer non* ? »

Bon évidemment, il vaut mieux avoir devant soi un public un peu naïf et qui apprécie le sens de la mise en scène. Bref, Emmanuel et Jaume, même combat mes amis !

Droite ou gauche, tout ça est un tantinet dépassé. Seul le résultat compte. L'heure n'est pas au sentimentalisme.

« *On veut des résultats bon Dieu* ! »

Et quel résultat ! D'un côté les Français envoient à l'Élysée le Sieur de la sagesse, à l'âme bien née et au verbe riche. De l'autre, les patrons de la Ligue reçoivent un chèque en blanc, émis en bonne et due forme par notre révolutionnaire trotskiste espagnol.

De quoi tout à fait rassurer nos messieurs dames si sérieux de la Ligue !

Alors que Canal+ était le détenteur historique des droits de la Ligue 1 depuis plus de trente ans, le groupe n'a empoché aucun des lots mis en jeu par la Ligue de football professionnel (LFP) pour la période 2020-2024 en mai 2018.

C'est le groupe espagnol Mediapro qui a raflé la mise alors qu'il venait de perdre, sans que personne ne s'en émeuve, les droits TV de la Série A pour la période 2018-2021.

Les clubs de Série A représentés à la Ligue italienne avaient alors voté à l'unanimité l'annulation du contrat. En février, Mediapro avait obtenu les droits de la Série A grâce à une offre de 1,05 milliard d'euros par saison. Déjà un milliard !

Mais son projet de revente des droits avait été retoqué par un tribunal de Milan, saisi par un concurrent, la Sky, l'un des diffuseurs actuels du football en Italie.

Avant cette décision de justice, Mediapro avait annoncé qu'il ne verserait pas la garantie bancaire prévue d'un milliard d'euros tant qu'il ne pourrait pas disposer de ces droits. C'est l'absence du versement de cette garantie qui a entraîné la décision de la Lega Série A.

Cette première fumée d'alerte fut superbement ignorée par les dirigeants de la Ligue, à savoir Nathalie Boy de la Tour et Didier Quillot, à la tête de la Ligue lors de la signature du contrat avec Mediapro. Avec la caution évidemment des grands patrons de clubs de football tout heureux, comme des pinçons, de récolter autant pour leur Ligue.

Chacun d'entre eux devait quand même se rendre compte du braquage légal qu'on leur proposait non ?

Bah à priori non. Les bouchons de champagne sautèrent. Plus dure sera la chute quelques mois après lorsque Mediapro fit défaut. La bulle explosa.

Lorsque la LFP a conclu, pour plus d'un milliard d'euros par saison, l'acquisition des droits TV de la ligue 1 en 2018, beaucoup de commentateurs se sont satisfaits de la nouvelle, considérant que « l'âge d'or » du football français était venu.

Tous les voyants étaient au vert, la signature de quelques grands joueurs dans le championnat et notamment au PSG, l'augmentation substantielle des droits depuis 2011 et l'émergence d'un nouveau concurrent-partenaire de Canal +, BeiN Sports, l'exacerbation de projets sportivo-industriels, hier Altice puis Mediapro, évoquaient l'intérêt et la vitalité autour de notre championnat.

Nous vivions une époque formidable malgré quelques voix discordantes, Jean Pascal Gayant, économiste du sport et–Maxime Saada, le Président de Canal plus annonçant les difficultés à venir.

C'était en 2018. Il y a un siècle.

Maxime Saada, présentait alors une étude sur la Ligue 1 concluant à une valeur annuelle des droits TV avoisinant les 650 millions d'euros. La LFP, gloutonne, espérait le milliard d'euros annuel à l'occasion de l'appel d'offres 2020-2024 tandis que Canal + songeait plutôt à réduire sa facture, considérant que les 726,5 millions d'euros acquittés (par BeIN Sports et lui-même) étaient déjà une somme trop excessive.

Le milliard arriva donc.

Les grands présidents de clubs, Jean Michel Aulas en tête, ainsi que les dirigeants de la ligue, Quillot et consorts, pouvaient claironner que tout cela renforcerait les moyens des clubs pour rester compétitifs et assurer leurs moyens de mieux rémunérer leurs joueurs.

Il faut revoir le Sieur Aulas pérorer devant les caméras se satisfaire du contrat lui permettant de conforter les finances de son club et continuer, comme les autres, à se livrer à la surenchère.

Plus, toujours plus de recettes. Plus, toujours plus de dépenses pour modéliser une réussite, celle des plus grands clubs européens. Difficilement tenable sur le long terme, sinon à accepter les risques du marché et de la glorieuse incertitude du sport.

Jean pascal Gayant pouvait déclarer, goutte de lucidité dans un océan de béatitude, dans le tumulte des autocongratulations, tout cela « *extrêmement aventureux* » puisque les deux opérateurs Canal Plus et Bein Sports « perdaient déjà de l'argent tous les ans ». [1]

Comment, dans ces conditions, un nouvel opérateur, pouvait il prétendre à mettre autant d'investissement sans projet clairement identifié, sans connexion au marché des droits français, sans chaine TV préexistante, sans lisibilité sur les abonnements à faire payer aux amateurs de football ?

Appâtée par l'offre de Mediapro, la LFP a ainsi pris la responsabilité avec l'accord des clubs professionnels de lier son destin à celui d'un groupe sino-espagnol promettant l'ivresse financière. Quand l'hubris prend le pas sur la raison…

Finalement, le groupe sino-espagnol n'aura versé que 143,6 millions et pour solde de tout compte, 100 millions, pour se désengager et éviter les poursuites. Finalement les 150 salariés de la chaine, Téléfoot, créée pour l'occasion, seront très certainement tous licenciés. Finalement les clubs obsédés par l'argent en sont obligés à demander aux joueurs des baisses de salaires, de reporter le paiement des charges dues, et d'obtenir, Covid oblige, des prêts garantis par l'État.

Pertes et profits dit-on dans le monde économique.

La Ligue de football professionnel a voulu se défaire de l'hégémonie de Canal+, pourtant partenaire méga-historique des instances de football. Mais en octobre 2020,

---

[1] Le Parisien, droits TV, comment le foot français a signé le contrat de tous les dangers avec Mediapro, Frédéric Gouaillard, 5 décembre 2020.

Mediapro fait défaut, victime de son appétit gargantuesque et de la crise sanitaire.

Incapable de verser son premier versement et encore moins de payer les 830 millions d'euros annuels prévus, le groupe « rend » ses droits à la Ligue moyennant pénalités.

C'est comme si vous alliez au restaurant et au moment de voir arriver votre côte de bœuf vous déclariez à l'aimable serveur : « *Tout compte fait je vous la rends. Ce n'est pas que je n'ai plus faim, mais je n'ai pas vraiment les moyens de payer. Cela étant, je vois au fond de la salle quelqu'un qui m'a l'air sympathique, ça doit être un habitué de votre restaurant. Allez donc lui proposer ma côte de beauf. Il a l'air d'avoir les moyens lui, à défaut d'avoir envie.* »

« Comment M'sieur ? C'est impossible. Vous avez commandé, il faut payer ! C'est comme ça dans un restaurant comme dans la vie de tous les jours. Il ne va jamais vouloir de votre côte de beauf. Déjà froide, elle ne vaut plus la même chose M'sieur. »

Et voilà notre football français qui tente de convaincre de trouver un autre opérateur pour racheter les droits. O temps, suspends ton vol.

« *Qui veut de mes droits ? Qui veut de mes droits ?* »

Pas forcément Canal Plus. Chacun connait la douceur et la délicatesse du patron qui aurait déclaré *« Je veux que tout ça se termine dans une mare de sang ».*

Bolloré conteste mordicus avoir tenu ces propos. On serait presque tenté de le croire le Sieur Bolloré. Amis de la poésie, régalez-vous !

Plus subtil, le directeur général de Canal Plus, M'sieur Saada, décrète non pas l'urgence, mais un temps mort.

« *Bah oui quoi, on a le temps non* ? » Sourire crispé de carnassier en sus. De bonne guerre, comme dirait Trump.

La diffusion de Téléfoot dure. Un peu. On sent derrière les pupitres la crispation des commentateurs sur un siège éjectable comme tous leurs collègues. Puis, alors que nos clubs sont dans une situation financière catastrophique, sevrés de leur principale ressource, c'est l'arrêt.

Net. Brutal. Définitif.

« *Eh les amis, I want my money back !* »

Loin d'avoir perdu la mémoire, Maxime Saada, pousse son avantage. Loin, très loin. Bon évidemment, lui, il ne vote pas à gauche, n'est pas allé en prison et a en mains 4 cartes. 4 as.

« *Difficile de perdre lorsqu'on a une telle main non* ? »

Dans un entretien à un grand journal de droite, le Figaro, il annonce mi-janvier vouloir, lui aussi, rendre ses droits. Décidément c'est une manie !

Et demande un nouvel appel d'offres global, ce qui prendrait du temps et ruinerait définitivement les finances de nos clubs, fragilisés par la double peine du covid-19 et l'explosion de la bulle spéculative. De la nitroglycérine garantie. De quoi étrangler pour l'éternité, Jean Michel Aulas, et lui imposer la grève du tweet !

C'est dire si la chaine cryptée a mal vécu, doux euphémisme, le résultat de l'appel d'offres de 2018, devant se contenter en accord avec beIN Sports, de deux malheureux matchs, deux affiches, à diffuser… à un prix d'or. Cela voulait dire aussi beaucoup de l'analyse que faisait M'sieur Saada du marché des droits TV. À ces prix-là, pour ce produit-là, pour ce public-là, la somme et le risque étaient disproportionnés.

C'était devenu une évidence totale puisque l'on ne se bousculait pas pour racheter, même à un prix moindre, les droits en question.

De plus en plus d'experts évoquaient le risque de la bulle spéculative, comme celles qui éclatent régulièrement sur le marché boursier ou immobilier. Sans être forcément ni lus, ni entendus et encore moins compris. Ça ne fait pas vendre mes amis.

C'est comme si votre médecin vous annonçait à l'avance votre future crise cardiaque. Bon sur le coup, ça ne fait pas plaisir. Et renoncer à ses p'tites envies, c'est pas facile !

Comme l'avait deviné et prévu M'sieur Saada, le modèle économique de la diffusion de la ligue 1 n'a jamais trouvé toute sa rentabilité en France et chaque concurrent de Canal a mordu la poussière.

C'est vrai hier avec TPS, disparu en 2008, puis Orange Sport, beIN Sports, Mediapro… Même Canal assure ne plus s'y retrouver et dit pouvoir très bien vivre sans cette offre, qui, à une époque, lui apportait la moitié de ses abonnés.

La perte des droits anglais avait par exemple déjà fragilisé le modèle d'abonnement, sur deux pieds, de la chaine, cinéma et sports, notamment le football.

En attendant nos présidents de club étaient KO techniques.

Non seulement ils perdaient toutes perspectives rapides d'être payés mais aussi de faire face aux difficultés financières directement liées à la pandémie et à leur politique.

Il leur faut en effet tous les mois débourser les salaires des joueurs, faire face aux coûts d'exploitation du club alors même que les recettes, toutes les recettes s'effondraient, droits TV et celles du public « interdit de stade ».

De fait M'sieur Saada n'avait pas forcément l'envie ni le besoin de voler au secours de la ligue et des clubs. Rancunier M'Saada ? En posant la question qui fâche, mais combien vaut vraiment le football français, le patron de Canal+ se mettait hors de portée des présidents de clubs qui, dépités, comprirent immédiatement ce que cela voulait dire.

Si les droits ne valaient pas un milliard, combien valaient-ils ?

« *Bah mes amis, c'est simple. Le juste prix. Le prix que celui, qui a normalement de l'argent, est prêt à mettre pour obtenir ce qu'il veut, non ? Le libéralisme c'est sans filet. Un coup en haut, un coup en bas mes amis.* »

M'sieur Saada pouvait même réclamer un nouvel appel d'offres afin de lever toutes incertitudes juridiques et négocier au mieux.

C'est toute l'ironie de l'affaire.

Au départ, c'était la Ligue de football professionnelle qui gardait cette option, dans l'hypothèse où des négociations avec Canal+ échoueraient. Mais en exigeant un nouvel appel d'offres global, M'sieur Saada fit un coup de maitre. C'était pourtant reconnaitre que le prix que payait Canal Plus pour ses matchs était lui aussi complètement déconnecté de la réalité : 330 millions d'euros achetés à beIN Sports.

Ça faisait cher la sous-location, non ? Et personne n'avait obligé Canal Plus à payer cette somme à sa chaine rivale et partenaire en même temps.

La LFP refusa. De façon claire et nette puisque cela priverait la ligue – au moins le temps de la procédure – des seules recettes télévisées qui lui restaient.

« *Qui sait jouer au poker les amis* ? »

La LFP lança donc un nouvel appel d'offres pour les droits TV de la Ligue 1 et de la Ligue 2 portant seulement sur les matchs qui étaient diffusés par feu Téléfoot, la chaîne du groupe Mediapro, valables jusqu'à la fin de la saison 2023-2024.

La machine à laver était remise en route. Avec quel programme ? Essorage rapide svp.

Qui se porterait à nouveau candidat pour acquérir ces nouveaux droits ? À quel prix ? À quel délai ? Pour quelle viabilité financière ? À quel coût pour le téléspectateur ?

À avoir eu les yeux plus gros que le ventre, le malade se trouva affamé.

L'appétit du Qatar pour la Ligue 1 constituait une vraie interrogation.

Malgré sa demande, M'sieur Saada ne pouvait pas « rendre » ses matchs du samedi, qui font l'objet d'un contrat de sous-licence signé avec beIn Sports.

Pour quel motif ? Le groupe qatari s'attendait à voir Canal+ venir justifier sa demande, en arguant que la remise en jeu du reste du championnat rendait caducs les prix exorbitants fixés en 2018. Mais ce serait de toute façon à beIN Sports d'aller voir la Ligue.

En attendant, la chaine n'avait pas l'intention de participer à un quelconque appel d'offres. Or, Canal+ comptait sur celle-ci pour racheter avec lui le championnat. En novembre 2020, lorsque la filiale de Vivendi élabore une offre orale auprès de la LFP d'un montant de 590 millions d'euros, avec un bonus de 100 millions, elle évalue la participation du Qatar à 100 millions d'euros.

Pourtant le groupe présidé par Nasser Al-Khelaïfi n'a finalement pas bougé, comme si l'alliance objective, savoureuse, après tant d'années de concurrence acharnée, avait vécu.

Rappelons que c'était le Sieur Saada qui avait sauvé la mise de beIN Sports en lui rachetant son lot, et en signant un accord de distribution pour plus de 200 millions d'euros par an.

Canal Plus + a-t-il besoin du football ? À quel prix ?

C'est la question centrale de l'affaire. Chez Canal+, on fait savoir que la Ligue 1 est moins indispensable qu'hier. Nous ne sommes plus en 1984, mes amis.

Le foot peut aussi être une monnaie d'échange pour Canal+, qui réclame régulièrement plus de bienveillance de la part de l'État sur son cœur de métier, le cinéma et les fictions, à l'heure où les plateformes numériques la concurrencent durement, notamment Netflix et Amazon. Cette même Amazon qui sortira du bois, quelques mois plus tard, pour récupérer à bas prix les droits TV du foot français…

Les deux principaux diffuseurs de ces dernières années, Canal+ et beIN Sports, avaient décidé de ne pas participer à l'appel d'offres qui fut un retentissant échec.

De fait les dominos continuaient à tomber un à un.

« *C'est la douce loi du marché mes amis…* »

Le 1er février 2021, après une journée de délibérations au siège parisien de la Ligue de football professionnel (LFP), l'appel d'offres pour la réattribution de l'essentiel des droits télévisés de Ligue 1 et de Ligue 2 s'est révélé infructueux.

Ni Amazon, ni la plate-forme de streaming DAZN et le groupe Discovery qui avaient pourtant tous formulé une offre, n'ont été retenus, la commission jugeant les offres trop basses, inférieures au prix de réserve.

Il y eut même quelques nouveaux impétrants, des particuliers qui avaient également répondu à l'appel d'offres, misant quelques euros pour obtenir le marché.

« *Ah décidément, que j'aime ce pays de Voltaire dans lequel l'art du football côtoie celui de la dérision.* » La liberté est vraiment au bout de la rue. T'avais raison Manu !

Cet appel d'offres infructueux était un nouveau coup dur de plus pour les clubs professionnels, qui anticipaient alors, craintes confirmées depuis, des pertes de 1,3 milliard d'euros en fin de saison, entre le poids de la pandémie et celui de la crise des droits télévisés.

Ainsi donc, les négociations purent reprendre, de gré à gré pour, une nouvelle fois, attribuer les droits.

C'est à regretter que notre ami Coluche soit mort. J'entends tout ce qu'il aurait pu écrire sur le sujet. « C'est *l'histoire d'un mec qui achète des droits TV...* »

En attendant Canal Plus a récupéré dans la foulée les droits de la fin de saison, jusqu'à la fin de l'année, 35 millions d'euros supplémentaires, et mis l'affaire en justice pour rendre ses droits chèrement acquis et obtenir un nouvel appel d'offres global. Bon là, ça commence à faire mal à la tête.

Dans le détail, la chaine cryptée a récupéré l'essentiel des droits abandonnés par Médiapro (80 % de la Ligue 1 et de la Ligue 2) jusqu'à la fin de la saison contre un versement de 200 millions d'euros pour permettre aux clubs de sortir de l'asphyxie. Elle avance ainsi le paiement de ses dernières échéances, sous licenciés par beIN Sports et réglait parallèlement 35 petits millions de manière complémentaire.

« *Bon oui, il faut suivre. Mais que voulez-vous, avant d'être du sport, ce sont les affaires qui priment.* »

Au total tous les diffuseurs et payeurs contribueront à plus de 750 millions d'euros, somme atteinte pour 2016-20, mais somme valable uniquement pour l'exercice en cours. Pour les saisons suivantes, il faudra mener encore d'autres négociations, aventureuses ou non, soit de gré à gré ou en passer par un nouvel appel d'offres, global ou non, en attendant que Canal Plus éteigne ou pas son contrat de deux matchs avec la ligue.

Ce qui lui avait alors permis de se sauver et de diffuser une petite partie de la Ligue 1 est devenu aujourd'hui son talon d'Achille. « *Savoureux non* ? *Dis Bollo, t'en penses quoi, toi ?* »

Et si l'on creuse financièrement, l'éclaircie est moins nette, bien moins nette. Sur ces 760 millions de rentrés, il faut en effet retirer 200 millions correspondant aux taxes

(Buffet, soutien au sport amateur) et rembourser les emprunts contractés pour passer la crise.

Le premier de ces emprunts ? Une ligne de 120 millions dus à la banque JP Morgan, philanthrope à souhait, qui avait ouvert un crédit pour que la Ligue puisse faire face au défaut de paiement de Médiapro.

Le second de 63 millions, première annuité, du prêt garanti par l'État de 225 millions d'euros pour combler une partie des pertes d'exploitation liées à la Covid-19.

Ce fut certainement un soulagement pour la Ligue et les clubs professionnels, même si le prix de la saison 2020-21 était revenu à ce qu'il était… 10 ans plus tôt.

« *Flux et reflux mes amis.* »

Et puis puisque personne n'en parle, tous les salariés de l'éphémère chaine Téléfoot furent licenciés alors que les téléspectateurs médusés et écœurés commencèrent à prendre de nouvelles habitudes. Parce que les premières victimes du crash industriel, ce sont bien d'abord les salariés de la chaine.

Pour les téléspectateurs, à force de les pressurer et de les prendre pour des gogos, ceux-ci zappèrent vers d'autres cieux moins sportifs et footballistiques.

L'accord final entre la Ligue et Canal Plus n'a ni sauvé les clubs, contraints de demander piteusement l'aide de l'État, ni la Ligue de leurs errements. Et sans aucune garantie que demain soit meilleur tant sur les résultats que dans la manière de faire.

Ce serait presque le retour en 1984 s'il n'était la bollorisation de la chaine, licenciement de Stéphane Guy inclus. À l'armée, avec un chef comme Bollo, que serait-il advenu de l'ami Stéphane ?

« *Ah mes amis, que ne donnerais-je pour rencontrer notre valeureux capitaine d'industrie* !! »

Quelques semaines plus tard, mi-juin 2021, la LFP tranche sur l'attribution des droits de la ligue 1 et de la ligue 2. Amazon se taille la part du lion et obtient contre 250 millions d'euros par an et pour 3 ans, 8 matches des dix de l'élite dont les dix meilleures affiches de la saison.

Coup de tonnerre chez Canal Plus et plus largement dans le petit monde de la télé. Un acteur émergent de la retransmission du sport (tennis puis football) prend date et position avec de sérieux atouts : sa puissance financière, son fonds d'abonnés avec sa formule Prime et certainement une offre payante pour les abonnés moins chère que celle de feu Téléfoot.

En achetant à ce prix les droits de la Ligue 1, Amazon faisait une bonne affaire. En vendant à ce prix les droits de la Ligue 1 à Amazon, la Ligue récupérait un nouveau partenaire et, en même temps, desserrait l'étau de Canal Plus jusqu'alors en position de force. « *Génial non ?* »

Il faudra juste demander quand même à Amazon s'il compte payer des impôts en France pour son activité et ses bénéfices ?

« *Qui va poser la question ? Allo, Bruno Le Maire ?* »

Choisir Amazon, c'était donc faire un pari sur l'avenir, moins aventureux a priori que Médiapro, c'était brader un lot alors que Canal Plus était encore engagé pour payer les deux affiches hebdomadaires à un prix d'or, dans tous les cas hors-sol par rapport au contexte.

On comprit dès lors que la guerre, juridique, était déclarée du côté de Canal. Et à ce jeu, M'Saada n'est pas un manchot !

La réaction ne se fit pas attendre.

Premier round. Le lendemain les salariés de Canal recevaient des nouvelles du patron. Comme quoi, quand on veut dans le groupe Bolloré parler à ses salariés, c'est juste possible.

« Les lots qui représentaient 80 % des matchs de Ligue 1, dont les 10 meilleures affiches, ont été cédés pour 250 millions d'euros (il n'écrit pas une misère mais le pense…) à Amazon alors qu'ils avaient été acquis par Médiapro en 2018 pour 784 M d'euros. La LFP a considéré à tort que la proposition d'Amazon se cumulait aux montants des lots attribués en 2018, à savoir les 332 M d'euros de Canal Plus et les 42 millions d'euros de Free pour le lot digital. Ce scénario n'existe pas. Canal ne paiera pas 332 M d'euros pour 20 % des matchs quand Amazon en diffuse 80 % pour 250 M (traduction, il s'est fait avoir). Nous ne diffuserons donc pas la Ligue 1. » [1]

Deuxième round. Canal Plus cherche évidemment à se débarrasser de la patate chaude et entame une procédure contre beIN Sports qui lui a sous-traité les deux matchs. Après avoir tout fait pour obtenir les droits, les opérateurs font tout pour s'en débarrasser ! Après avoir tout fait pour s'entendre, les deux chaines s'écharpent devant le tribunal de Nanterre, sommé de trancher le contentieux. Franchement, on a plus besoin de football pour se divertir, on a déjà du théâtre gratis.

« Qui veut payer l'addition ? Qui veut payer l'addition ? » Personne.

C'est tous aux abris mes amis. Jusqu'alors Canal Plus a déjà saisi à deux reprises la justice contre la LFP via le tribunal de commerce puis l'Autorité de la concurrence, qui a toujours considéré le contrat concernant ces deux matchs valables.

Troisième round. Le 23 juillet 2021, le tribunal de commerce de Nanterre autorise Canal Plus à suspendre son contrat de sous licence et à interrompre ses paiements.

« estimant que beIN Sports n'avait pas fait assez d'efforts pour obliger (sic) la Ligue à revoir le tarif à la

---

[1] L'Équipe, « Saada : pas question que Canal+ paye le plus pour avoir le moins », Sacha Nokovitch, 12 juin 2021

baisse. »[1] Mais si le diffuseur qatari consent à attaquer la LFP, le contrat entre les deux diffuseurs devra être exécuté… Le communiqué ne se fit pas attendre « Nous avons pris bonne note de la décision en référé… qui nous oblige à entamer une procédure contre la Ligue, de manière à forcer Canal plus à honorer son contrat. »

Quatrième acte. La Ligue, via Arnaud Rouger, Directeur général, prend acte elle aussi de la décision et « n'a pas d'autre alternative que d'assigner beIN Sports, seul partenaire contractuel de la LFP ». Il faut dire aussi que la LFP attend de recevoir la première échéance du contrat, le 5 aout 2021, fixée à… 56 millions d'euros. Une paille !

Cinquième round. Le tribunal de commerce impose, par une décision datée du jeudi 05 aout 2021, à la chaine cryptée de diffuser les deux matchs dont elle ne voulait plus se charger. La patate chaude a encore changé de mains sans que l'on soit tout à fait sûr que le combat soit fini puisque Canal Plus a fait appel sur le fond de la décision. Pour l'heure, celle-ci doit obtempérer « sous peine d'une sanction d'un million d'euros par jour de retard » si elle n'assumait pas son contrat de sous licence avec beIN Sports. Dans le même temps, la chaine devait verser partie de sa contribution, soit 68 millions d'euros.

Un nouvel affront pour M'sieur Saada qui avait juré ses grands dieux ne jamais retransmettre la Ligue pour la saison 2021-22. Et pourtant Canal plus diffusa dès le samedi 07 aout un mythique Troyes-PSG alors que bruissait déjà la rumeur d'une arrivée de Lionel Messi au Qatar Club !

Vincent Labrune pouvait exulter et déclarer sans rire « que le plus important maintenant pour la Ligue était

---

[1] Le Monde avec AFP, « Droits télévisés de la ligue1, la justice autorise Canal+ à suspendre son contrat avec beIN Sports », 23 juillet 2021

d'offrir aux supporters une vision claire de la diffusion de leur feuilleton préféré ».

« *Belphegor* ? »

« *Dis Dieu, tu en penses quoi, toi, de ce cirque* ? »

Chapitre 4

Money, Money, Money !

« The English Game »

Pour ceux et celles qui ont vu la série consacrée à l'histoire et la création du jeu, le football, ce titre dira évidemment beaucoup. Pour les autres vous aurez raté quelque chose même si vous pouvez encore vous rattraper.

« The English Game »[1] revient à grands traits, avec quelques libertés historiques, sur les origines du football en suivant notamment l'équipe des Old Etonians, les ouvriers d'usine de Darwen et le club de la ville à travers la lutte des classes pour établir le sport qui deviendra le plus populaire au monde.

Ce 26 octobre 1863 allait donc devenir un jour historique même si personne ne s'en souvient et ne le célèbre. 17 représentants des publics schools anglaises se réunissent en ce jour béni pour rassembler les règles du jeu sans pouvoir se mettre unanimement d'accord.

« *Et à l'époque mes amis, la VAR n'existait pas* ! »

Bref, le freemason's Tavern situé à Londres vit la naissance quasi officielle de deux sports puisque 14 représentants se mirent d'accord pour fonder l'association football, les quatre autres pour créer un autre jeu plus rugueux et physique, mais pas moins gentleman, le rugby.

---

1 « The English Game », série réalisée par Julian Fellowes, 2020

The English Game était né ainsi que le fair-play, art de gagner pour les Britanniques et art de perdre pour tous les autres même si de nos jours la perfide Albion manque à elle-même.

Presque 150 ans plus tard, nos gentlemen seraient surpris, étonnés et certainement abasourdis par ce qu'est devenue leur création. Une sorte de monde protéiforme d'un jeu maintenant mondial rassemblant des centaines de millions d'adeptes, une « *secte à l'état pur* » pour toutes celles qui détestent ce jeu, des milliards de télé consommateurs avides de jeu et d'émotions sans avoir tout le temps le billet du match gagnant dans la poche.

« *Bref, la modernitude absolue ma chère ségo* ! »

Au-delà de cet essor fulgurant en si peu de temps, les règles du football ont certes changé. À la marge. Terres d'innovations mais surtout de traditions, le corps des règles et du jeu est resté pendant des décennies figé telle la banquise en hiver dans l'Antarctique avant que le poids des intérêts, celui du spectacle, du rapport au temps, n'obligent à des changements pour le confort télévisuel et l'appétit de la justice. Var un jour, var toujours !

Ce changement le plus important, le plus radical, le plus visible reste d'abord et avant tout le rapport à l'argent.

« *Money, money, money mes amis. Partout. Tout le temps. Omniprésent comme l'air que l'on respire, tout dans le football sue et quelquefois sent ou pue l'argent.* »

La part des anges.

Tout a concouru, faiblement au début puis, de plus en plus rapidement par la suite, à l'arrivée de l'argent dans le football. Moins pour construire des carrières et des salaires visant à promouvoir par le sport l'individu, doté de talent, mais par l'appétit de la victoire et de la gloire.

Pour laisser dans notre bas monde cette part d'éternité transmise de génération en génération autour d'une victoire historique, d'un match homérique.

Pour les plus optimistes, il nous faut accepter le poids de l'argent car le football nous procure des émotions extraordinaires. Pas tous les jours certes, faut po pousser non plus.

C'est notre part des anges. Cette fumée transparente dans laquelle nous nous défonçons et sommes prêts à toutes les folies comme s'abonner à Mediapro. C'est dire non ?

Pour qui a regardé, et ils furent nombreux, le match France-Brésil en coupe du monde 1986, la mémoire même vieillissante doit rester intacte d'un match au niveau rarement aussi abouti. Bon il faut dire aussi dans le domaine de l'esthétique pure, pour ne pas parler d'argent ni de valeur, nous avions au milieu de terrain « 4 fantastiques ». Des vrais mes amis ! Pas des lapins de garenne !

« Tigana-Giresse-Platini-Fernandez ! »

Fermez le ban !

La France, qui avait éliminé l'Italie, championne du monde sortante, en huitièmes de finale, effectue un parcours mitigé : deux victoires (Canada et Hongrie) et un match nul lors du premier tour contre… l'Union Soviétique.

C'était l'heure de la perestroïka et de la glasnost de notre ami Mikhaïl Gorbatchev, les deux seuls mots de russe connus par François, le seul, le vrai, l'unique, Mitterrand.

Pour enrayer l'implosion du régime, un programme de réformes fut engagé en mars 1985 par le secrétaire général du Parti communiste d'Union soviétique et dernier président de l'URSS, Mikhaïl Gorbatchev sans qu'il parvienne à ses fins ni à sauver d'ailleurs son équipe de football. Elle se dispersera comme toutes les autres aux 4 coins du monde pour suivre la trace de l'argent.

« *Communiste oui mais pas fous quand même hein !?* »

Retour en 2021. Plus d'URSS donc, quasi plus de communistes non plus d'ailleurs même en Chine plus attentifs aux affaires qu'un self made man américain.

« *Drôle de monde non ? Et je ne vous parle même pas des socialistes. C'est ma charité chrétienne ça.* »

Deuxième rasade. Nous sommes en 1982. À Séville. Il y a près de 40 ans, Manu était à peine né que Brigitte enseignait déjà. Un match unique, dramatique, féérique, éternel même pour ceux et celles qui ne l'ont pas vu. Un scénario du diable pour les Français, béni des Dieux pour nos amis allemands. Demi-finale de coupe du monde, nous menons 3 à 1 à la mi-temps de la prolongation. Le match est plié, nous serons, c'est certain, dans 15 minutes en finale pour la première fois de notre histoire. Schumacher a déjà envoyé Battiston à l'hôpital sans que l'arbitre s'en émeuve. Platini raccompagne son ami, en civière, sur le banc de touche. Livide. Dans la prolongation, Rummenigge rentre, marque. Puis Fischer d'un ciseau égalise. Tirs au but. Chacun sent que c'est perdu avant même de tirer. Bossis rate le sien.

Horst Hrubesch se présente. Tir. Marque. C'est fini.

Giresse sort du terrain, la France pleure.40 ans plus tard.

En 2021 la situation est claire. Sous le coup de l'arrivée de milliardaires, des fonds d'investissement, plus ou moins nébuleux (*plutôt plus mon cher Gérard Lopez*), de la mobilisation de quelques micro-États (Qatar, Émirats arabes unis...), de l'explosion (à plusieurs reprises, nous l'avons vu) des droits TV, l'argent inonde le football. Il en est devenu le code génétique, celui par qui tous les bonheurs sont possibles. Tous les malheurs aussi d'ailleurs. Platini en sait quelque chose d'ailleurs…

Que serait devenu le club de la capitale sans le Qatar ? Ce n'est plus une perfusion mais une transfusion, du premier janvier au 31 décembre, qui permet aujourd'hui au PSG de se hisser, cahin-caha, vers les sommets de la ligue des champions.

Pour le supporter moyen, c'est une forme d'assurance vie permettant au club avec l'onction divine de la ligue et des plus hautes autorités de vivre au-dessus de ses moyens.

Avant Messi, Neymar et M'Bappé, aux transferts financièrement retentissants, il y avait eu d'autres arrivées, Pastore en 2011 pour 42 millions d'euros, puis Cavani 64 millions en 2013. Aujourd'hui ces sommes sont mises sur la table pour de très bons joueurs mais pas de grands joueurs. C'était il y a 10 ans, une éternité dans le football.

On achète un joueur comme on achète un appartement ou une maison de standing, un tableau de maitre, un diamant pour sa belle ou son beau, un yacht ou une Ferrari.

C'est d'abord et avant tout un investissement. Acheté et revendu. Nous y reviendrons !

Grands malheurs d'hier et de demain. Les applaudissements à mains chaudes et rires à gorges déployées pour l'arrivée d'un micro-État nation, d'un vrai milliardaire (pas comme à l'OM cher Manu) sont les premières étapes d'un chemin de croix annonçant, un jour ou l'autre, des demains plus douloureux et désespérés.

Que sera demain le PSG sans le Qatar ? Manchester City sans les E.A.U ? Lille sans Gérard Lopez ? « *Ah non mince, lui est déjà parti, comme il était venu. Avec son argent et peut être plus, même si on n'a pas tout compris.* »

Ah ce Gérard. Une légende à l'état brut. Une sorte de Jaume Roures mais qui aurait réussi. Du moins pour l'instant. Entrepreneur et investisseur, notre homme d'affaires luxembourgeois-espagnol a investi dans les nouvelles technologies, le secteur de l'énergie et dans l'industrie du sport et est devenu connu en France pour avoir racheté le Losc à Michel Seydoux en octobre 2016.

Quatre ans plus tard, Gérard Lopez a été poussé vers la sortie par le fonds d'investissement Elliott, son principal bailleur de fonds, inquiet des sommes restantes à rembourser (120 millions d'euros) dans un contexte économique particulièrement compliqué, avec des clubs provisoirement privés des droits télé en raison de la faillite de Mediapro, mais aussi de billetterie en raison de la crise sanitaire.

À l'issue de son propre conseil d'administration, la holding Victory Soccer, qui détient le LOSC et qui était la propriété de l'homme d'affaires hispano-luxembourgeois, a été officiellement cédée à un autre fonds, Callisto Sporting SARL. Cette société est elle-même propriété de la holding Merlyn Partners, spécialisée dans l'investissement et basée au Luxembourg.

Adepte du trading avec Marc Ingla, *« j'achète des pépites et les revends ensuite à prix d'or »*, l'histoire dira un jour si nous avions vraiment à faire à un génie des finances et des mécanos de l'investissement ou à un margoulin parti à temps, en valorisant un capital joueur pour mieux partir avant de se faire virer par les vrais propriétaires.

Ainsi donc le monde du football a suivi de près l'ascension irrésistible du capitalisme jusqu'à en devenir au moins pour les ligues professionnelles une cellule vivante.

« *Aussi agile et habile que Jérôme Kierviel dans sa salle de Trading au sein de la Société Générale. C'est dire* ! »

Dieu est un Trader !

Évidemment pour ceux qui étaient là avant et qui pensaient investir énormément pour quelquefois (souvent) peu de résultats, c'était soupe à la grimace.

« *Comment ? Le Qatar vous dites ? Ça se trouve où ça ? Ça existe au moins ? Comment ? Ils sont riches de chez riches ? Z'êtes sûr ?? Fallait l'dire avant* ! »

Évidemment ce n'est pas la même surface financière que l'ami Franck. Franck Mc Court. « *Porte bien son nom c'lui la* », comme dirait mon ami Kamel !

Eh oui mes amis, il y a milliardaires et milliardaires ! Les vrais sont indiscutables, ils payent sans broncher, investissent des millions comme vous dépensez deux euros sans qu'un poil de leurs sourcils bouge. Ce n'est pas possible autrement, il doit y avoir quelque part une école à milliardaires. Dans tous les cas, elle n'est pas à Drancy, ni en France d'ailleurs !

Et il y a les autres. Les petits. Les fragiles. Les tiédeux et frileux du porte-monnaie ! Ceux qui ont envie mais ne peuvent pas ou ne veulent pas. Les agités du bocal fut-il rennais. « *Ah Bernard, mon cher Bernard Arnaud, je t'adore* ! »

Comme tous les ans, le magazine américain Forbes a dévoilé le classement des Françaises et Français les plus riches du pays. Le PDG du géant mondial du luxe LVMH, Bernard Arnault, reste en 2020, tête de ce classement avec une fortune estimée à 66,9 milliards d'euros. Il devance, comme l'an dernier, l'héritière de L'Oréal, Françoise Bettencourt Meyers, avec une fortune de 43,4 milliards d'euros.

Pas mal nos Français non ? Mais bon, pas motivés pour aligner les sous !

Propriétaire du flamboyant Stade rennais depuis 1998, chacun connait le palmarès et la réussite des Rouge et Noir. Théorie du yoyo appliquée à la lettre.

L'argent est donc partout. Et depuis longtemps dans le monde du football comme dans celui de la culture.

Ce qui est rare, le talent, est cher. Se monnaye. Se vends, s'achète et, nouveauté, se loue. Eh oui mes amis vous pouvez, si vous êtes propriétaire ou dirigeant de club, louer un joueur. Ça peut valoir le coup. Vous n'êtes pas sûr de votre achat, vous devez suppléer dans l'urgence, vous voulez étaler vos dépenses… ?

« *Eh bien louez ! Louez le seigneur ! Il a pensé à tout. Vous connaissez ma phrase devenue célèbre : Dieu est un trader* ! »

L'argent apporte aussi son lot de malheurs. Petits et grands.

Qui se souvient du pauvre Christophe Robert et de Jorge Burruchaga empêtrés dans l'affaire OM-Valenciennes comme une enveloppe pleine d'argent dans un jardin ? Bah oui quoi, l'argent a une certaine fertilité non ?

C'était l'affaire du siècle. Marseille doit le 26 mai 1993 jouer la finale de la Ligue des Champions contre le grand AC Milan. Tout sauf une sinécure. Le calendrier de la division 1 prévoit un match avant ce grand rendez-vous, l'OM devant se déplacer à Valenciennes le 20 mai. Tapie ne tient pas à perdre, ni ce match, ni ses joueurs en prévision du match de toute une vie.

Il mettra tout en œuvre pour gagner et laver l'affront de la demi-finale de coupe des clubs champion perdue contre Benfica le 18 avril 1990. L'idée germe. D'acheter le match pour les uns, de lever le pied comme on dit délicatement pour les autres. Bref, l'homme de confiance de Tapie, Bernés s'y colle.

Avec Jean Jacques Eydelie, ils contactent trois joueurs de Valenciennes : une ancienne star argentine au pied voluptueux, Jorge Burruchaga, Christophe Robert et Jacques Glasmann qui dévoile le pot aux roses.

« *Ah Glasmann ! Il ne fut pas un grand joueur mais il posa un acte héroïque et subit beaucoup d'invectives et de menaces pour cela. Chapeau l'artiste* ! »

On retrouve alors la fameuse enveloppe de 250 000 francs dans le jardin des parents de Christophe Robert. Eh oui mes amis, dans le Nord tout pousse ! Le 8 juin en plein faste marseillais, la ligue porte plainte et une information judiciaire est ouverte. Le bilan sera juste. L'OM est exclu par l'UEFA de la ligue des champions, rétrogradé en division 2. Tapie condamné à de la prison ferme.

Autre temps, autre malheur.

Saint-Etienne a héroïsé le football pendant des années devenant après le stade de Reims une référence nationale et européenne. C'était l'époque où pour échanger une vignette Panini (version 1976) de Christian Lopez (le *vrai hein ? Pas Gérard*) il fallait au moins débourser quinze vignettes différentes pour l'échanger.

Je soupçonne même notre ami Gérard d'avoir commencé à faire fortune à ce moment-là…

Bref, ce club mythique, 10 fois champion de France, au parcours européen flamboyant, notamment dans la défaite finale contre le Bayern le 12 mai au Hampden Park de Glasgow, se fit prendre lui aussi dans la célèbre affaire de la caisse noire.

Le premier avril 1982 plusieurs médias, dont Loire-matin lèvent le voile sur des suspicions de détournements de recettes au sein de l'ASSEE. Un mois et demi plus tard, le Président emblématique de Saint-Etienne, Roger Rocher, l'homme à la pipe, démissionne.

Il sera par la suite inculpé avec d'autres dirigeants et d'autres joueurs pour recel d'abus de biens sociaux. Presque 8 ans plus tard, le tribunal correctionnel de Lyon prononcera les condamnations de Rocher, de Robert Herbin et de onze ex-joueurs des verts.

L'homme à la pipe bénéficiera par la suite d'une grâce présidentielle partielle par feu François. Que s'est-il donc passé pour que le club en arrive là ? Une histoire d'argent pardi !

Afin de continuer à asseoir sa domination sur le foot français, les dirigeants stéphanois mirent au point un détournement de fonds, pendant des années, notamment de recettes pour alimenter les dessous de table versés aux joueurs. Et notamment les plus grands joueurs de l'époque dont notre illustre platoche national.

L'affaire éclate en raison des tensions, en 1982, dans le conseil d'administration du club dirigé d'une main de fer par notre bon Roger Rocher dont la gestion est remise en question par un membre éminent du CA, maitre André Buffard. Dès lors tout s'emballe. Le maire communiste Joseph, fidèle de Geoffroy Guichard s'en mêle mais ne peut arrêter le train et son déraillement.

Les commissaires aux comptes ont pris peur et saisissent le procureur de la République. Tout implose. Roger Rocher, le club, son image, celle des joueurs alors que raisonne dans nos têtes encore le chant mythique d'« Allez les Verts ».

Ainsi donc entre 1976 et 1982, ce sont près de 22 millions de francs de l'époque (3 millions d'euros) qui auraient été détournés via des écrêtements sur les recettes, l'organisation de matchs amicaux ou la vente d'objets promotionnels du club ainsi que du magazine. De quoi maintenir le standing du club selon le Président puisqu'il fallait bien payer les joueurs.

Du moins, mieux les payer. Suivez mon regard mes amis.

Sous la table ! À coup d'enveloppes de billets de 500 francs, les joueurs (Platini, Battiston, Larios, Janvion, Lopez, Lacombe, Zimako, Santini, Piazza, Nogues…) empochèrent le surplus de rémunération leur permettant de rester au club et de pousser avec allégresse, les poches du short pleines, notre ballon noir et blanc.

Consciencieux et méthodiques, les dirigeants prirent la précaution de faire signer à nos amis footballeurs des reçus…

« *Bon évidemment aujourd'hui tout cela parait d'un désuet. Surtout les reçus hein* !? »

De quoi cette affaire désastreuse est-elle le nom ?

Elle n'est pas celle d'un enrichissement des dirigeants évidemment mais d'une volonté pour ceux-ci de s'adapter au monde du football en pleine évolution à cette époque. Puisqu'ils ne pouvaient payer en toute transparence les salaires demandés sinon exigés, le subterfuge fonctionna quelques années avant de tout imploser.

Le canard enchainé pouvait se lâcher. « *Allez les Véreux* ! »

Le Président du tribunal, Finidori, qui jugea l'affaire en 1990 pouvait lui aussi déclarer ce qui résumait bien la situation, « l'ASSE était devenue une machine à faire de l'argent autant qu'à faire du foot ».

Fermez le ban mes amis.

Ces deux affaires retentissantes symbolisent assez bien la nocivité du poids de l'argent dans le football, le fait que tout soit dans la fin et non dans les moyens et souligne la pression mise sur les dirigeants pour *« y arriver* ». Monter ou descendre de division, gagner un titre ou le garder, allez chercher une coupe…

Elles reflètent aussi en creux le travail de tous ceux qui gardent leur honnêteté pour des clubs amateurs et professionnels aux pratiques légales et morales incontestées. Mais le mal est fait…

Pourquoi investir dans le football ?

Le poids de l'argent est pourtant historiquement lié à celui du football, les chiffres s'affolant aujourd'hui.

Il a suivi en définitive la globalisation et la financiarisation des économies, cette planète devenue un village dans lequel l'on s'est affranchi des distances, du temps et du coût considérant tout cela comme un investissement.

A-t-il forcément besoin d'être rentable ? C'est un autre sujet. Tout dépend des motivations.

Est-ce le goût de la victoire à tout prix dont il s'agit ?

Ce goût qui confine quelquefois au « crime », à fournir à la fois la valise et l'argent pour commettre le geste nécessaire. Tout le monde se rappelle des propos de Bernard Tapie qui le soir d'une défaite imméritée eut ces mots prophétiques « maintenant je sais ce qu'il me reste à faire pour gagner une coupe d'Europe ».

Est-ce le goût du pouvoir ?

Ce goût qui porte les ambitions honnêtes et malhonnêtes des hommes et femmes épris de football, voulant diriger un club, pour diriger la ville, être exposés dans les médias et se construire une image, une personnalité et entamer pourquoi pas une autre carrière plus politique.

Alors là l'histoire mes amis regorge d'anecdotes et de tentations.

Qu'est-ce qui a poussé M'sieur Berlusconi à devenir le Président de l'AC Milan ?

Certes, il en avait peut-être envie et assurément les moyens mais ce n'était pas seulement pour le goût de la victoire même pour un Italien. Tout cela a formidablement servi son ascension politique, la construction de son image dans l'opinion publique italienne.

Pendant 20 ans, Silvio Berlusconi fut Président du Milan AC. 20 ans pendant lesquels il aura étoffé tout son palmarès politique et footballistique... mais également judiciaire.

La légende rappelle que l'empire familial berlusconien commence avec le père de Silvio, Luigi. En tant que banquier, il était un intermédiaire d'une mafia avide d'investissement immobilier dont l'objectif était le blanchiment d'argent à grande échelle. Le pécule engrangé pendant ces années va permettre au fils d'investir et de faire carrière lui aussi. Avec une réussite, quasi insolente.

Le socle de sa fortune viendra de la création, ex nihilo, d'un quartier milanais, un projet monumental. Mais béton et mafia faisant souvent bon ménage en Italie, les opposants à l'homme d'affaires n'auront de cesse de pointer du doigt ses relations avec l'organisation criminelle.

Puis Silvio va mettre un pied dans les médias en créant la première chaine privée du pays au contenu, disons-le, léger, léger… La législation interdisant alors à une chaine privée de diffuser nationalement, Bettino Craxi, premier ministre, libéralisera les médias et ouvrira les portes aux chaines privées.

« *Tout le monde n'a pas la chance d'avoir Castex pour diriger un gouvernement* ! »

Le football entre dans les TV privées, Berlusconi prend le contrôle du Milan AC, et son éminence se lance en vie politique devenant Président du conseil en 1994. En pleine campagne électorale, le Milan AC officialise le transfert de Marcel Desailly pour 11 milliards de lires.

« *C'est comme si Fillon achetait Berlutti, que n'aurait-on dit hein ?* »

En 1995, la crise du gouvernement va l'évincer du pouvoir, et une nouvelle élection pour élire le président du Conseil va être organisée. Il fait alors ses achats : Georges Weah et Roberto Baggio. Les mêmes effets n'ont pas les mêmes conséquences. Le parti de Forza Italia est devancé par la coalition emmenée par Prodi.

En 2001, Berlusconi devient le nouveau premier ministre et comme cadeau pour ses partisans et supporteurs, il recrute pour des montants records, Rui Costa de la Fiorentina et Pippo Inzaghi de la Juventus. En 2008, il séduit Beckham, fait revenir Shevchenko et acquiert le prodige Ronaldinho.

En 2009, Kaka se retrouve au sein d'une histoire farfelue. Alors que la campagne fait rage pour les législatives, Berlusconi refuse de vendre le joueur brésilien à Manchester City pour 100 M€, de peur de décevoir son électorat et de perdre des voix. Mais cette décision tiendra jusqu'à l'annonce de sa défaite… qui enverra le bien nommé Kaka au Real Madrid. L'histoire finit bien. Il est rendu, suite aux multiples affaires, inéligible, condamné à la prison sans passer par la case départ… Faut pas pousser non plus.

« *Silvio Berlusconi mes amis ! C'est autre chose que Bernard Tapie et ses valises en carton non* ? »

L'exemple du Qatar est un autre exemple éclairant.

Le micro-État a choisi d'utiliser le sport et notamment le football comme un vecteur mondial de leur investissement.

La création de chaine de sports beIN Sports, l'acquisition des droits TV, l'obtention de la coupe du Monde et l'achat du PSG lui ont permis depuis 10 ans de fracturer la porte de ce monde. Les pétrodollars servent la cause politique et économique du Qatar prévenant la fin du gaz et du pétrole inéluctable dans la région. C'est à la fois un investissement important mais pas si coûteux que cela qui permet au Qatar de signaler à l'attention du monde et à construire une stratégie commerciale et touristique. Aujourd'hui, tout le monde connaît le Qatar, pourtant minuscule pays, confetti de notre humanité.

À peine plus grand que l'Ile-de-France, cette nation du Moyen-Orient compte 2,4 millions d'habitants, dont seulement 10 % sont des ressortissants locaux. Le reste est composé de ceux, qui sont étrangers, et y vivent et y travaillent.

À l'ombre du géant, de l'Arabie Saoudite le Qatar est devenu un peu le centre du monde par ses projets fastueux, immobiliers, touristiques et footballistiques.

C'est en 1995, sous la férule de l'émir Hamad bin Khalifa Al Thani, que le Qatar entame sa mue pour commencer pleinement exister sur la scène internationale, bénéficiant de ses ressources tirées de l'exploitation du pétrole et du gaz, mais également d'une stratégie de développement axée sur le sport.

Il installe un double soft power, c'est-à-dire « la capacité d'un État, ou d'un autre acteur, à élargir et utiliser son pouvoir d'attraction sans recourir à la force ».

Ce qui ne veut pas dire que la coercition n'existe pas au Qatar et que l'appellation démocratie reste discutable au regard des droits et conditions de ceux qui habitent le pays.

Par le lancement de la chaîne d'information Al Jazeera, le gouvernement Qatari, rompt le monopole saoudien dans les médias arabes et se révèle au monde.

En parlant au monde via le sports et tourisme, le Qatar prend acte.

Afin de consolider ce « *soft power* », pour à la fois séduire la scène internationale et préserver son intégrité territoriale face à ses puissants voisins, le Qatar mise très vite sur le sport et ses valeurs universelles.

En 2011, le fonds d'investissement étatique qatari Qatar Sport Investment (QSI) rachète pour 70 millions d'euros le club du Paris-Saint-Germain.

« *Cadeau non* ?! »

C'est un nouveau choix stratégique qui, sans pour l'instant faire gagner la Ligue des champions, à Paris a permis le renouveau du club et surtout offert au Qatar une formidable vitrine.

« *Chapeau l'Émir* ! »

Sans être tout à fait un géant sportif… C'est comme si les iles Seychelles se rêvaient de devenir le centre du monde du Basket-ball.

« Beau défi non mes amis ? »

L'arrivée surprise de Lionel Messi procède de cette logique.

Évidemment le recrutement est avant tout sportif. Malgré ses 34 ans, notre Messie est encore alerte, met deux pieds devant l'autre, enquille des buts mieux que Florent Balmont et fait déjà l'unanimité du microcosme du ballon rond.

Son arrivée a été, au milieu du mois d'aout 2021, un retentissement mondial. Les maillots s'arrachent comme des p'tits pains, les abonnements décollent, le prix des places au marché noir atteint des sommes farfelues, le nombre d'abonnés du Qatar SG sur les réseaux sociaux explose. Avant même d'avoir enfilé le maillot du PSG et d'avoir foulé le terrain du parc des Princes, « Messie » a déjà marqué.

Et puis quand même nos amis qatariens ! Quel talent quand même ! Recruter Messi au PSG, c'est achever le cycle d'investissement tous azimuts depuis 10 ans pour éventuellement gagner la ligue des champions mais aussi et surtout promouvoir le Qatar à l'échelle du monde.

Le monde entier a parlé du transfert du p'tit Lionel aussi surement et efficacement qu'un sauveteur en mer annonce rechercher un enfant sur une plage. Tout le monde est au courant, même ceux et celles qui détestent le sport et encore plus le foot. Je soupçonne même M'Bappé d'avoir été averti et d'avoir fait la moue…

Bref, à entendre les commentaires laudatifs et extatiques de tout le monde, j'ai maintenant l'assurance pleine et entière que Dieu existe. Même s'il est avant tout un Trader !

Le sport et notamment le football, mondialisés, sont une formidable opportunité pour le Qatar. C'est la consécration fin 2010, Sepp Blatter, ancien Président de la FIFA, désigne le Qatar comme pays hôte de la Coupe du monde 2022.

Une vraie surprise qui alimente toutes les rumeurs autour de cette obtention bénie.

« *Soupçons de corruption à tous les étages mes amis.* »

Et que dire de cette décision sur le fond ! Attribuer la coupe du monde pour un si petit pays, aux infrastructures inexistantes et avec un climat aussi aride, c'était faire preuve d'un indémodable optimisme. Depuis plus de 6500 ouvriers en 10 ans ont péri sur les chantiers des stades provoquant régulièrement des polémiques utiles. Rien de suffisant pourtant pour remettre en question l'attribution de la coupe du monde.

« *Demain mes amis, direction l'Alaska et le Groenland dans lesquels les pays hôtes installeront des centrales thermiques pour chauffer les stades et les téléspectateurs.* »

Folie quand tu nous tiens…

Pour le climat, nos amis de la FIFA trouvèrent la parade. Dieu n'ayant pas encore changé les saisons, il fut décidé de jouer en décembre afin que nos bipèdes galopent dans des stades réfrigérés.

« *Oups, pas très bon pour notre climat tout ça non ? Cette décision datée promet.* »

Le monde dans lequel nous vivons et ce n'est pas propre ni exclusif au football a évidemment changé. Nul ne récuse l'idée qu'il est souhaitable de revenir aux règles et au contexte d'hier, celui du siècle d'avant. Mais le décalage ressenti par de nombreux supporters est significatif.

La tentation est grande de glorifier un passé glorieux et révolu et de critiquer un monde devenu différent et dans lequel l'argent et le pouvoir, quelle que soit sa forme, ont pris une importance démesurée. Certains disent que l'argent a volé le football à lui-même.

Beaucoup d'amoureux du football ont continué à vivre le football comme hier, attachés aux règles, aux traditions, à leurs équipes alors que tout concourrait faiblement puis puissamment à globaliser le football.

Celui-ci est devenu en fait une clé de lecture du monde dans lequel nous vivons et qui annonce sans coup férir le monde de demain puisque nul retour ne serait possible.

Tout dans le vocabulaire et le champ sémantique du football parle cette novlangue du libéralisme.

Les clubs peuvent être cotés en bourse, être achetés et vendus au profit de magnats ou même d'État, les joueurs sont eux-mêmes, c'est la violence du mot, achetés, comme on achète un chou-fleur au marché.

Ils peuvent nous l'avons vu être cédés, prêtés, découpés en rondelles en devenant quasi la propriété physique d'agents ou d'investisseurs. Ils peuvent être loués comme on loue maintenant les voitures plutôt que de les acheter.

« Bah oui quoi, avec une révision, tous les ans, en prime, y a aucun risque les amis ! Et si vous hésitez je vous ferai une p'tite ristourne sur le prochain achat. No problémo ! »

Hier on achetait des actions relatives au sucre, au pétrole, au manioc. Aujourd'hui on peut prendre des parts dans un joueur ou dans ce que vaut un joueur. En toute légalité. En toute sérénité. En toute moralité ? L'indécence n'est jamais bien loin même si la capacité de l'opinion à s'en inquiéter est pour le moins inexistante sauf à lire Reporterre ou So foot.

Qu'en sera-t-il demain ? Continuera-t-on à accepter que des États puissent investir dans des clubs et à prendre le contrôle à des fins autres que le sport ?

Cela ne gêne-t-il personne qu'un État souverain puisse en toute légalité acheter un club d'un autre pays ?

Cela ne gêne-t-il personne que le Qatar puisse posséder le club de la capitale et puisse, en même temps, être pour le moins peu enclin à respecter les règles des démocraties ?

« *Pétrodollar et gazo-dollar n'ont pas d'odeur* ? »

Combien de morts pour la construction des stades indispensables à la coupe du monde 2022 ? Si l'argent n'a pas de couleur, il a quand même une couleur non ? Celle des pétrodollars et du sang versé.

Que fera-t-on demain si un ou d'autres États s'engagent dans cette course à l'échalote ? Acceptera-t-on que la France achète le Bayern de Munich, que la Chine achète le Losc, que le Burkina Faso achète Aston Villa, que le Pérou achète le club de Dallas ?

C'est Rollerball cette histoire mes amis. L'acceptation vaut ici soumission au grand capital, je vous le dis.

J'entends déjà les critiques fuser. Celle des impétrants qui évoquent que l'argent a toujours existé dans le football comme dans la culture et forcément tous les marchés. Parce qu'il faut bien acheter et vendre.

Ce qui est en cause c'est évidement moins l'argent en soi que le poids et l'omni présence de celui-ci. Ce qui est en cause c'est l'origine et les flux engendrés même si les chiffres d'affaires sont ridicules par rapport à ceux des vraies entreprises. Mais il y a une variable. Celle du poids médiatique et du poids politique que tout cela prend car mes chers amis tout ne se vaut pas dans ce bas monde.

Il est d'ailleurs un signal assez clair. Celui de la rentabilité.

Pourquoi achète-t-on un club ou un joueur ? Un club est-il rentable ? Rapporte-t-il quelque chose notamment financièrement à celui qui investit ? Qu'a rapporté l'OM à Louis Dreyfus sinon la notoriété pour un coût faramineux ? Et à Franck mac Court ? Des critiques pour son manque d'intérêt pour le club, des choix contestés, un investissement trop mesuré aux dires des supporters et au final une image écornée. Soyons juste, il y a beaucoup de coups aussi à prendre non ?

Vous connaissez la suite à écrire. Comme tous les autres Franck Mc Court se désengagera. Lorsque son image sera définitivement polluée, qu'il aura dépensé ou perdu des centaines de millions, pour des résultats plus que mitigés pour un club de cette dimension.

Alors évidemment, et c'est la nouveauté du monde, il y a aussi les p'tits malins les p'tits nouveaux.

Ceux qui achètent un club pour spéculer, avec de l'argent gris, aux origines méconnues, aux méandres des mécanismes financiers si glauques que même Emmanuel Macron en perd son latin de la Providence !

Les journalistes ont beau travailler, poser des questions, enquêter, rien ne sort véritablement de ces abysses. Dans lesquels quasi n'importe qui peut acheter un club avec de l'argent qu'il ne possède pas, c'est le propre du crédit, pour valoriser joueurs et clubs avant de les revendre au meilleur moment.

« *Mazette, on dirait un coup de bourse ! Et la transparence alors ?* »

Dans tous les cas, personne ne redit rien à l'affaire à condition évidemment que les succès sportifs cachent le reste. Sinon… C'est très souvent la descente aux enfers. Pour le club, les joueurs, les salariés et même les supporters.

Sinon, c'est aussi la descente. La descente pour le club, les salariés, les supporters et l'espérance de vie de chacun en prends un sacré coup mes amis.

« *Quand vous pouvez vendre Pépé puis Léao quasi 80 millions d'euros chacun sur deux saisons, on peut dire qu'il y a un Bon Dieu pour les Traders non* ? »

Et en plus c'est légal. Parce qu'il y a des gens pour acheter. Savoureux non ?

Un autre exemple ?

Le mythique club de Saint-Etienne végète, pendant cette saison chaotique 2020-21, dans les profondeurs du classement de notre Ligue 1 préférée et n'a plus vraiment les moyens de ses ambitions.

ASSE a signé en janvier 2021 Pape Abou Cissé défenseur central et international sénégalais pour un salaire brut de 25 000 euros par mois. Une vraie misère par rapport aux salaires habituels du club notamment pour un joueur de cette dimension.

Venant de Grèce, il s'agissait en fait d'un artifice dit de prêt payant, le club français s'engageant à payer directement une partie du salaire au club « préteur » afin d'éviter à l'ASSE de s'acquitter des cotisations sociales et patronales tous les mois, la fiscalité grecque n'étant pas réputée pour le coup de massue. Ce complément de salaire est alors versé au club grec, l'Olympiakos pour reversement au jouer.

« *Magnifique non ? Et légal en plus* ! »

Ledit Cissé coûtera donc finalement près de 700 000 euros pour 5 mois (chère *la location non* ?) soit 135 000 euros par mois dont 75 000 de salaire.

Alors oui la modernitude a amélioré les tentations des clubs et le recours à des produits ou montages sophistiqués pour acquérir des joueurs d'une manière ou d'une autre, quitte quelquefois à les revendre avant même qu'ils n'aient joué une seule minute. Tous les Lillois se rappellent avec une douce émotion le cas spectaculaire de Florian Thauvin, acheté et revendu dans la *(petite)* foulée à l'OM avec une plus-value.

« *Merci Jérôme Seydoux ! C'était un coup à la Gérard Lopez ça ! Pour une fois coupable de rien.* »

Chapitre 5

I want my flouze

Le plaisir avant tout.

Jouer. Pour le plaisir.

Pour toutes celles et ceux qui se demandent pourquoi autant de monde court après un ballon, la réponse est évidente : la joie du sport et le plaisir pris de partager, pour un temps, cette alchimie si particulière de pratiquer le football.

Au-delà de l'apparition de l'argent dans le football, ce qui frappe évidemment sur le long terme est aussi la démocratisation et la globalisation du football à toutes les échelles.

Présent sur tous les continents, dans tous les pays du monde, dans toutes les régions, jusqu'au niveau local, il a essaimé au niveau amateur pour le simple fait de se retrouver, de pratiquer un sport, de s'entretenir et de partager des moments de convivialité avant, pendant et quelquefois surtout après les matchs.

« *Bref il est devenu aussi universel que Dieu, c'est dire.* »

En ces temps de pandémie, le foot manque.

À tous ses pratiquants, à ses bénévoles et dirigeants, aux éducateurs, des milliers, éparpillés dans les nombreux clubs du pays. Le football amateur français a été, comme beaucoup d'autres activités, mis en sommeil frappé par la maladie et la nécessité de recourir à des protocoles sanitaires évitant d'autres contagions.

Si les championnats professionnels ont pu reprendre, même dans des stades vides, le football amateur s'est arrêté. Ni match, ni entrainement, ni rendez-vous du week-end, c'est morne plaine.

C'est une sorte de sevrage qui nous prive de nos plaisirs manquant à des millions de personnes comme la culture manque à de millions d'autres. C'est la révélation en creux du poids du sport et du plaisir à jouer mais aussi à accompagner, à donner avant de recevoir.

« *La flamme vacille mais reste certainement intacte partout. De Bogota, à Dakar, de New York à Mumbai en passant par Tilloy les Marchiennes mes amis.* »

La France, en la matière, est d'abord davantage un pays de pratiquants que de croyants. Nous aimons en France jouer avant même de regarder un match sur un écran. Assignés à résidence, des millions de personnes attendent aujourd'hui en avril 2021 la reprise de leur activité préférée, d'une certaine forme d'insouciance, d'un loisir revendiqué et transmis de génération en génération, pour l'amour du jeu, d'un maillot, d'une tradition ou d'une découverte dans lequel les coups de tête peuvent être fréquents.

« *Trinquan, Trinquan, Trinquan ! Ah que Patrick Dewaere nous manque.* »

Le foot reste d'abord en nombre de pratiquants un sport amateur sérieusement fragilisé par la COVID-19 et ses conséquences.

Sur la question de la pratique, le renouvellement partiel des licences met à mal aujourd'hui de nombreux clubs, s'inquiétant du devenir de leur effectif. Comme pour la culture qui a perdu certainement des musiciens, des artistes en devenir, des circassiens, des théâtreux, le thermomètre des effectifs des clubs est à la baisse même s'il subit un peu moins de défections que d'autres sports.

La pandémie aura aussi attaqué les finances fragiles des clubs amateurs vivant de recettes locales déjà limitées, cotisations des licences, subventions municipales, recettes de buvettes et pour quelques-uns de billetterie. Évidemment rien à voir avec les clubs professionnels aux reins et au standing plus importants. Quoique….

Ainsi donc dans ce monde amateur, tout le monde joue. Pour le jeu, pour le plaisir et sans être payé au premier sens du terme.

L'argent est-il un mal nécessaire ?

Nous l'avons vu l'apparition de l'argent pour monter des équipes, favoriser les victoires en embauchant ou débauchant de meilleurs joueurs a conduit assez rapidement aux premiers joueurs défrayés puis payés, jusqu'aux polémiques actuelles contestant le niveau de rémunérations stratosphériques des stars du football, notamment celles liées aux grands clubs, Messi au FC Barcelone, Neymar au PSG, Ronaldo à la Juventus…

Les clubs professionnels comme les clubs amateurs aiment jouer et gagner. Cet appétit de victoires, pour la gloire, pour les affaires, pour une ambition politique, pour toutes autres raisons personnelles d'un propriétaire de club est évidemment proportionné aux investissements.

Et en premier lieu, dans l'acquisition de joueurs posant la question des salaires à verser, cotisations sociales comprises, des indemnités de transferts, et des coûts liés aux agents et autres gâteries en tous genres.

Tout le monde l'aura compris, le monde professionnel, c'est Cuba au temps de la crise des missiles en 1962 : la course aux armements.

Alors certes rien ne garantit le succès. L'empilement de grands joueurs avec des salaires incroyables issus de transferts décalés, autant pour le PSG ou Manchester City par exemple, n'a pas été pour l'instant suffisant pour gagner autre chose que le championnat d'Angleterre ou de France alors que la Ligue des Champions ne s'est pas laissée approcher.

« C'est comme si nous mettions une armée d'énarques dans un gouvernement si vous voulez, aucune chance pour que ça fonctionne non ? Imaginez par exemple que Macron propose le poste de Premier ministre à Jean Castex ?! Que dirait-on de notre cher Président. Restons sérieux. »

Alors évidemment fleurissent partout et de manière récurrente, ce sera notre marronnier du football, de vives polémiques sur le poids de l'argent et les salaires versés, jugés indécents par de nombreux commentateurs.

Analyse contestée par d'autres jugeant tout à fait normal et logique que les meilleurs puissent bénéficier de salaires conséquents, fruits de leur mérite et d'une carrière physiquement et temporellement limités.

C'est la loi de notre nature humaine, courte, surtout quand on court si longtemps. C'est surtout la loi du marché comme dirait l'autre, le grand argentier, le grand manipulateur, le grand moqueur.

« *Dis Dieu, tout le monde n'a pas la chance d'avoir des parents communistes hein* !? »

La carrière moyenne d'un footballeur professionnel est, il est vrai, courte au sens de la vie même active d'un individu.

De 4 à 6 ans en moyenne tenant compte des aléas, blessures physiques, perte de contrat, conséquences des relégations, découvertes d'autres plaisirs… même si de temps en temps quelques joueurs à la longévité remarquée nous font penser le contraire.

« *N'est pas Florent Balmont qui veut mes amis* ! »

Les facteurs de déclassement nombreux et complémentaires justifieraient ainsi une prime liée au risque de devenir ou pouvoir être footballeur professionnel. Au même titre qu'un danseur étoile tisse une carrière filant à souhait. Ou un homme politique ayant déçu à volonté ses électeurs. Et puis quoi, quand même ! Pourquoi se plaindre pour une fois que le salarié est en position dominante et se voit attribuer une rémunération qui dépasse celle du patron, celle de l'entraineur, du directeur sportif, du président salarié ?

Cette inversion des données est savoureuse alors que le salarié est par définition sous l'autorité des autres et donne à bon compte, pour l'entreprise, sa force de travail aux conditions fixées par plus puissants que lui.

« *Eh oui mes amis dans la vraie vie qui a vraiment le choix et doit au contraire se contenter de subir le fonctionnement du marché de l'emploi* ? »

Au temps du chômage de masse, la pression mise sur les futurs salariés reste celle de conquérir sa place, de la garder et d'être rémunéré autant « que faire se peut » comme dirait ce bon Blanquer.

« Ah *je l'adore notre cher ministre de l'éducation et du sport. Eh oui il est aussi ministre des sports et notamment de la marelle*. Impayable Blanquer ! *Vivement 2022.* »

Dans la vraie vie, tout est certes possible.

Faire des études pour trouver un travail. S'engager dans la vie active le sourire aux lèvres, sûr de l'avenir radieux. Changer de travail ou d'entreprise aussi facilement que d'enfiler une paire de chaussettes. Négocier son salaire, totalement certain que l'on sera payé à sa juste valeur.

« *Eh oui mes amis, faut juste traverser la rue. En regardant quand même avec attention pour éviter de se faire renverser. Au cas où...* »

Bref le monde du football à côté, c'est l'Éden Park, c'est Graceland.

On en vient même à suspecter quelques présidents de clubs de gonfler le montant des transferts et des salaires juste pour faire parler d'eux, monter artificiellement la cote du joueur avant de le revendre qu'il joue bien ou mal.

Du grand art !

Les footballeurs sont contraints d'accepter ces salaires exorbitants. Ils n'y peuvent rien et toutes critiques à ce sujet sont quand même suspectes non ?

« *Qui d'ailleurs refuserait d'être mieux payé par son patron ? De la jalouserie pure j'vous dis* ! »

C'est la revanche ultime de tous ceux et celles qui sont payés des clopinettes, de toutes celles et ceux qui triment et en silence s'il vous plait ! Il manquerait plus qu'ils se plaignent, on leur donne déjà du boulot.

Les gros salaires des footballeurs c'est ça en fait. La vengeance de tous les salariés mal payés du monde.

« *Et j'vous raconte même pas ce que gagnent les boxeurs ou les champions de formule 1.* »

Tout ça pour se prendre des pains sur un ring ou des parpaings sur des circuits. De la folie pure. À tous les étages. C'est vrai ça. On parle tout le temps de ces divas du ballon rond sans s'intéresser outre mesure à ceux qui gagnent autant sinon plus. Dans le sport. Dans le cinéma. Dans le monde des arts et de la culture.

« *Parce que des artistes, on en a mes amis. Des paquets ! Et ils ne sont pas payés avec deux francs six sous comme dirait la Brigitte ! Que nenni ! Bon je n'insiste pas, vous avez compris. Enfin j'espère.* »

Du coup les joueurs sont payés. Et leurs salaires moyens, même pour les footballeurs français, c'est dire, ont tendance à monter. Aussi sûrement que François Hollande a chuté dans les sondages mais n'y voyez pas de cause à effet.

La vérité oblige à dire que tout cela est un peu plus complexe. Le marché du travail des footballeurs professionnels n'est pas homogène offrant de très belles carrières et des émoluments en or à une petite minorité, grands joueurs et stars, et des carrières aux conditions salariales plus modestes voire dégradées à la majorité.

Ainsi le salaire moyen des footballeurs de la ligue 1 a fortement augmenté depuis une trentaine d'années justifiant le fait que les dessous de table aient normalement disparu.

« Eh oui mon cher Roger Rocher tu es né trop tôt ! »

Ou ailleurs les patrons de clubs ont trouvé d'autres moyens légaux de rémunérer leurs joueurs. L'imagination au pouvoir disait on ! Et dans ce monde-là mes amis, l'imagination est sans limites !

En France comme dans toute l'Europe du Football les grands championnats ont vu leur budget et masse financière exploser sous l'effet, nous l'avons vu, de la massification des recettes, droits TV en premier lieu, et de la nécessité de s'armer en joueurs donc de mieux les payer. Dans les grands clubs, même en France les recettes en billetterie ont augmenté liées à l'investissement dans de nouveaux stades plus accueillants mais à la frite rare, même dans le Nord.

L'arrêt Bosman, en libérant les joueurs de leurs contraintes, a aussi fortement contribué à déréguler et libérer le marché du travail des footballeurs, rendant à celui-ci une forme de liberté primaire bienvenue.

« Eh hop, en l'espace d'une décision de justice la banque a sauté. »

Jackpot à tous les étages pour tout le monde. Fin de l'assignation à résidence et début d'une autre aire, ou d'une autre ère. Comme vous voulez en fait. C'est ce qui est beau avec la liberté.

On sent le souffle divin nous caresser les joues, notre foulée devient plus ample, le regard posé sur nous est délicieux, tout devient possible. Un footballeur des pays de l'Est va pouvoir se vendre au plus offrant, les mac do vont déferler sur la place Rouge plus sûrement que l'armée américaine, le dollar va démantibuler le rouble.

« *Comment voulez-vous échapper à Poutine après tout ça ? Vive l'arrêt Bosman non* ? »

Et les clubs dans tout ça ?

Il leur suffit de faire leur marché, de les convaincre de venir ou de rester.

De les acheter.

De les vendre.

De les louer.

De les prêter.

De s'en débarrasser de manière plus ou nette.

« *Eh oui mes amis, ce n'est pas le cercle des poètes ce monde-là. Vous me direz, on licencie bien d'un seul coup des centaines de personnes dans des entreprises privées sans que ça émeuve plus que ça non ? Dis Dieu, c'est vrai que tu existes* ? »

Y a-t-il d'ailleurs une règle, une loi, une charte, un règlement qui obligent les clubs à devoir faire jouer les joueurs qu'ils embauchent ? Intéressant ça non ?

Bah non, l'AS Monaco peut signer 50 joueurs ou plus dans son effectif professionnel qu'il n'est pas obligé de faire jouer tout le monde, tout le temps. D'ailleurs ce serait impossible puisque Monaco ou PSG, malgré leur chéquier, n'ont besoin à chaque match que de 22 jambes. Au maximum. Pour avoir vu jouer le PSG en championnat, on soupçonne l'entraineur d'avoir choisi quelquefois moins de jambes sur le terrain avec pourtant 11 joueurs.

« *Ah les parigots, de vrais comiques ceux-là quand ils s'y mettent.* »

Bon évidemment vous l'avez compris, si tôt embauchés, si tôt payés. C'est vrai pour nos stars et starlettes du PSG à la gamme de salaires étendus comme pour ceux et celles de Dijon. Y a juste une p'tite différence de traitement. De salaires. De pognon.

C'est donc d'un changement conséquent dont nous parlons, fruit d'une conjonction entre des recettes qui augmentent, d'une concurrence entre clubs, entre diffuseurs et d'un appétit à vouloir être mieux payé (*je vous rappelle que Michel Platini gagnait quasi « une misère » à l'époque*) et une volonté des clubs.

De mieux recruter donc de devoir mieux payer leurs joueurs fussent-ils moyens. La réforme des contrats des joueurs des années 1970 n'avait pas eu le même effet dans un contexte économique plus insécure et dans lequel le statut de joueurs pro était moins glorifié et reconnu.

« *Un autre temps mes amis.* »

Depuis 20 ans, l'évolution de la masse salariale des clubs de football professionnel en France augmente. Nettement. Régulièrement. Sous l'effet de l'augmentation des salaires des stars dont les rémunérations explosent en parallèle de l'arrivée aux commandes de nouveaux riches, PSG, Monaco étant les cas les plus significatifs.

Mais la tentation est grande. Elle a ainsi permis l'arrivée de propriétaires anglais à Nice, américains à Bordeaux, chinois à Sochaux, russes à Monaco, qatari à Paris.

« *Demain l'Ouzbékistan reprendra, c'est certain, Le Mans. Une vraie assurance vie pour les clubs, les salariés, les joueurs* ? »

Ces salaires ne sont pas égaux. Les inégalités se creusent de plus en plus entre celui qui gagne un « honnête salaire de travailleur » et celui qui est le plus et mieux payé. Le talent ça se paye, le travail ça se paye. Vous saisissez la différence ? Neymar n'a pas toujours besoin de courir, ça se saurait. Mais le simple fait qu'il soit sur le terrain, même indisposé, cela suffit. Amplement.

« Avec son regard de cocker, sa coupe de cheveux digne d'une rock star, ses tatouages improbables, son verbe fleuri pourquoi voudriez-vous mieux et plus ? Dieu est Brésilien ! »

Sur une jambe ou une cheville, il écrase la concurrence. Chapeau l'artiste. En plus, il fait vendre des maillots. Et pas qu'aux parigots. Partout. Même en Ouzbékistan.

« Vous *imaginez Florent Balmont au même moment ? Et vous voudriez qu'il gagne autant que notre inénarrable Neymar. De la pure escroquerie oui ! »*

Et Messi ? Notre p'tit lutin est parti libre du FC Barcelone. Impossible pour lui après 20 ans de fidélité et de gras émoluments de se mettre d'accord avec son club. Lui-même empêtré jusqu'au cou par des dettes abyssales, dépassant le milliard d'euros en 2021.

De quoi rendre fou le moins sérieux de nos ministres du budget, Cahuzac compris. C'est dire !

Le renouvèlement du contrat devait être comme d'habitude une formalité. Je te propose autant, je veux autant, c'est trop cher, tu ne mets pas assez… Et au final tout le monde signe.

« *Patatras de patatras* ! »

Le pauvre Président Laporta dut se défendre devant la presse espagnole de son refus de resigner Messie. « Nous n'avons pu valider le contrat sur lequel nous nous étions entendus avec Lionel Messi… Pour respecter les règles du fair-play financier de la Liga, le Barca devait accepter une opération qui affecterait les droits télévisuels du club pour les 50 prochaines années. Je ne pouvais hypothéquer l'avenir du club, l'institution est au-dessus de tout, même du meilleur joueur au monde. » [1]

---

[1] L'équipe, Joan Laporta : Prolonger Messi aurait mis le Barça en grand danger », 6 août 2021

Une question me brûle les lèvres… Et le Qatar SG, il fait comment avec le fair-play financier ? Nous y reviendrons…

En France donc, 10 % des footballeurs les mieux payés début 2000 capitalisaient 40 % des salaires distribués. Puis ce chiffre a augmenté pour les raisons précédemment indiquées. 48 % en 2009.54 % en 2019. Même sans avoir bac plus 12, on peut aisément imaginer que la grande captation de l'essentiel des revenus se fera demain encore sur une petite minorité. Allez, disons 65 % en 2030.

« *Rendez-vous dans 9 ans mes amis.* »

Le football c'est comme dans la vraie vie. Mais en pire. Ou en mieux. Ça dépend.

Mis à part dans la fonction publique, au sens large, dans laquelle les grilles de salaires sont connues, transparentes et peu étendues, les rémunérations dans le privé sont libres.

« *Faut juste payer le salaire minimum. Quand même.* »

Une invention du Diable pour le coup. Vous vous rendez compte ? Il faut en France et même en Allemagne maintenant, c'est dire, payer ses salariés d'un salaire minimum.

Les Allemands refusaient historiquement d'en passer par là. Ils craignaient l'effet inverse de notre conception française du salaire minimum. C'est-à-dire, pour l'Allemagne, offrir l'occasion, par la loi, aux patrons de payer un minimum alors que l'intelligence collective organisait une autre structure des salaires. En France l'introduction du salaire minimum était claire, offrir pour les uns au moins le minimum de salaire à ceux qui travaillaient et pour les autres payer le moins possible.

Il existe donc un salaire minimum mais pas maximum.

« *C'est juste ça ? Est-ce indécent d'évoquer un salaire maximum qui empêcherait des rémunérations indécentes dans le sport ou dans d'autres secteurs d'activités* ? »

Retour vers l'histoire.

Le 9 novembre 1932, au lendemain des élections, les Américains ont tranché : Franklin Delanoë Roosevelt plutôt que Hoover. Un nouveau départ était alors envisageable pour la population américaine.

Franklin D. Roosevelt, nouveau Président, allait bientôt apporter de nouvelles solutions différentes et contraires à l'administration Hoover précédente qui avait eu pour conséquence de généraliser la misère.

Les « 100 premiers jours » de FDR en 1933 allaient être marqués par une série de mesures visant à arrêter la spirale effrayante de la chute de l'économie et de pauvreté. Ce que nous connaissons aujourd'hui sous le nom de « *New Deal* » la sécurité sociale, les droits des travailleurs… ne commencerait à prendre forme que deux ans plus tard, après que des mobilisations de grande ampleur de travailleurs, de personnes âgées et de chômeurs aient redéfini le consensus populaire de ce que le gouvernement pouvait et devrait faire.

Nulle acceptation préalable ne pouvait se construire au regard du contexte économique, « les raisins de la colère »[1] en témoignent formidablement. Une idée a alors surgi, celle du plafonnement des hauts revenus.

C'est ce que Franklin Roosevelt a tenté en 1942 lorsqu'il a proposé une taxe de 100 % sur tous les revenus individuels supérieurs à 25 000 dollars, soit environ 400 000 dollars d'aujourd'hui.

Même si FDR n'a pas obtenu ce plafonnement, le Congrès a établi un taux d'imposition de 94 % sur les revenus supérieurs à 200 000 dollars, et le taux d'imposition marginal le plus élevé du pays se situera autour de 90 % pendant les deux décennies suivantes, années qui verront l'émergence d'une classe moyenne de

[1] «The grape of the warth », John Steinbeck, Viling Press, 1939

masse aux États-Unis, la première de ce type dans le monde.

« Marxistes *nos amis américains* ? »

Appliquée au monde du football et plus largement, c'est-à-dire étendue aux pratiques salariales, cette mesure permettrait ainsi de mieux répartir les rémunérations, de créer une classe moyenne plus importante et surtout de lutter contre les travailleurs pauvres.

« *Gauchisant ça ? Perhaps* ! »

Cet esprit de plafonnement des revenus né du projet de F.D.Roosevelt a refait surface en 2020 en Amérique, dans des propositions visant à pénaliser les entreprises qui rémunèrent leurs cadres supérieurs plus de 50 ou 100 fois ce qu'elles paient à leurs travailleurs les plus courants. Dans l'Oregon, la ville de Portland a déjà adopté une telle législation alors que San Francisco étudie une proposition similaire.

La notion de plafonnement des revenus est en fait profondément enracinée de ce côté-ci de l'Atlantique. Si on remonte à 1880, le philosophe Félix Adler – plus tard co-fondateur du mouvement pour l'interdiction du travail des enfants – a proposé un taux d'imposition de 100 % sur les revenus supérieurs jusqu'à atteindre un niveau « où une certaine somme élevée et abondante a été atteinte, amplement suffisante pour tous les conforts et les vrais raffinements de la vie. » [1]

Que c'est aimablement dit non ? Vu comme ça, on se demande bien pourquoi la mesure n'a pas figuré dans le programme de François Hollande en 2012 !

« *75 % c'était petit bras en comparaison non* ? »

Un tel prélèvement, permettrait de taxer « *le prestige, la vanité et la puissance.* »

« *Cette phrase il faut la relire plusieurs fois et l'apprendre par cœur mes amis. Je l'adore Félix* ! »

---

[1]Sam Pizzigati, Consortium News, 27 octobre 2020

Même tendance en Angleterre, connue pour son amour pour le progressisme à la mode Tchatcher.

Deux groupes de recherche britanniques, des vrais, – Autonomy, un groupe de réflexion qui se concentre sur l'avenir du travail et la planification économique, et le High Pay Centre, une association à but non lucratif qui met en lumière les rémunérations excessives des cadres d'entreprise britanniques – ont conjointement appelé à un « salaire maximum » dans toute l'économie britannique.

« *Fichtre ! Alors là mes camarades, si même nos amis Anglais, libéraux par définition s'y mettent, faut y aller. Et dare-dare* ! »

Selon un nouveau rapport conjoint de ces deux centres progressistes, les salaires des dirigeants d'entreprise devraient être plafonnés afin d'augmenter les salaires des travailleurs les moins bien payés et d'aider à sauver des emplois.

« *Neymar s'il te plait. Abandonne une partie de ton salaire et on pourrait éviter le pire à Dijon, Metz et Reims réunis. Tentant non* ? *Lula, de toute façon va t'appeler.* »

Mais un plafond concernant les rémunérations directes ne serait-il pas une mesure trop extrême à prendre ?

« Tolérer les vastes écarts entre ceux qui sont au sommet et tous les autres dans ce pays, répond Hildyard, est une politique bien plus extrémiste que de plafonner les revenus annuels à 200 000 livres sterling – assez pour permettre un mode de vie de luxe absolu par rapport à celui de la grande majorité de la population. »

Aux États-Unis, un revenu équivalent à 200 000 livres sterling représente plus d'un quart de million de dollars.

Les cadres supérieurs des entreprises britanniques gagnent actuellement en moyenne 126 fois le salaire moyen des travailleurs britanniques, un écart nettement plus important que celui des salaires dans les entreprises du reste de l'Europe, mais bien inférieur à l'écart stupéfiant dans les entreprises américaines. »[1]

Des écarts de rémunération aussi importants soulèvent d'importantes questions morales. Eh oui le mot n'a pas encore été retiré du dictionnaire.

Le nouveau rapport britannique se demande « comment quelqu'un peut-il valoir plus de cent fois plus qu'un autre ? ».

« *C'est vrai ça. À bien y réfléchir, ils ont raison les Britishs non ? Faut juste que l'on trouve quelqu'un qui puisse proposer la mesure. Je sens que ça ne va pas être simple cette affaire. Et après faudra qu'il soit élu. Damned ! 2022 s'annonce incandescent. On a déjà le revenu de base dans nos cartons nous les Frenchies. Merci Benoit !* »

Cette redistribution, concèdent les auteurs, nécessitera de grands efforts politiques.

« Si une augmentation de salaire sans douleur pouvait être envisagée pour les bas (et moyens) revenus sans aucun coût pour quiconque », comme le dit si bien le rapport, « elle aurait probablement déjà eu lieu ».

Les chercheurs d'Autonomy et du High Pay Centre ont chiffré les coûts – pour montrer « les énormes avantages et les coûts minimaux que le plafonnement des salaires pourrait induire pour les plus hauts salaires. »

« Le plafonnement des salaires des entreprises britanniques à 187 000 £ – soit près de 250 000 dollars – permettrait de libérer suffisamment de liquidités pour faire passer le salaire minimum britannique de base des adultes de 8,72 £ actuellement à 10,50 £ de l'heure. Un plafond de 187 000 livres sterling ne toucherait que les 0,6 % des salariés les plus aisés du Royaume-Uni et « permettrait de donner des augmentations de salaire à plus de 3 millions de travailleurs. »

---

[1] Sam Pizzigati, Consortium News, 27 octobre 2020

« Si nous plafonnons les rémunérations excessives, nous pourrions mettre fin au problème des travailleurs pauvres »[1], note Andrew Fisher, analyste et ancien conseiller politique principal du parti travailliste, impressionné par les chiffres de l'Autonomy-High Pay Centre.

Une mesure visant à plafonner les rémunérations excessives serait-elle politiquement viable au Royaume-Uni aujourd'hui ?

« *Et en France ? Et dans le reste du monde ? Et dans le foot ? Et Dieu dans tout ça, il a été consulté ?* »

« *De tels niveaux de soutien en faveur d'un salaire maximum pourraient-ils un jour prendre racine ? Dis Mélenchon, on ne t'a pas beaucoup entendu là-dessus. Et pourtant Dieu est prêt. Quelqu'un m'a dit qu'il te parlait tous les jours à l'oreille.* »

Et dans le foot donc ?

La hausse constante et effrénée des salaires n'est pas sans poser des problèmes sur la santé financière des clubs. La course au recrutement qu'ils s'imposent nécessite toujours plus de budget lié aux transferts et évidemment aux rémunérations pour attirer le chaland. Avec deux pieds si possibles et une tête, vide ou pleine, peu importe.

Le modèle économique dominant dans les grands championnats reste celui d'une adéquation ou non, entre la partie recettes et dépenses permettant de construire le club dans sa volonté de jouer, gagner et marquer l'histoire locale, régionale, nationale et évidemment mondiale.

Tout ceci, pour les clubs pro n'est soutenable que si les revenus, essentiellement issus des droits de retransmission, augmentent et continuent d'augmenter.

Là-dessus on connait déjà la réponse induite par l'implosion de Médiapro et la tentation par exemple de Canal Plus de mieux fixer le prix d'achat du produit.

---

[1] Sam Pizzigati, Consortium News, 27 octobre 2020

En clair comme en crypté, moins payer pour le spectacle proposé. La perspective de l'endettement n'est jamais loin. C'est mort à crédit. Tous les jours.

Ces coûts salariaux prennent de nos jours une importance considérable entre 50 et 75 % du budget des grands clubs européens en fonction des périodes et du poids de la concurrence. Plus de concurrence et le circuit infernal repart de plus belle.

C'est vrai pour les joueurs et, petite nouveauté, pour les entraineurs pour certains payés comme des rocks stars. Pour un retour sur investissement pas toujours probant. Ainsi donc s'ouvre un vrai paradoxe : les revenus des clubs s'accroissent tandis que leurs performances financières s'étiolent.

Qu'ils perdent ou qu'ils gagnent puisqu'ils doivent dans ce dernier cas rémunérer par grosses primes les vainqueurs de la compétition.

« *Bref un club de football c'est le Maracaña des dépenses. Une danseuse disait on auparavant de manière un brin myosine* »

Dès lors l'instauration d'un plafond salarial permettrait évidemment de fixer un budget maximum et d'éviter les dérives, celles d'hier liées aux caisses noires ou d'aujourd'hui à la course à l'investissement quel que soit la forme de celui-ci.

La vente du club à des fonds spéculatifs, la chasse aux subventions, la vente du stade, l'espoir de droits TV faramineux, la politique de trading en achetant des joueurs pour les revendre au prix fort.

« *Chacun sait que tout cela ne dure qu'un temps alors que les salaires il faut les payer hein !* »

L'inflation salariale est manifeste depuis ces 30 dernières années et a permis une petite prise conscience de la part des autorités du foot comme de quelques patrons de clubs.

C'est dire si la menace se précise. A surgi plus ou moins fréquemment l'idée de créer pour l'Europe du football un « *salary cap* » c'est-à-dire un plafond de dépenses notamment de la masse salariale identique pour toutes les équipes d'un championnat.

Ah ça c'est une bonne idée. Que l'on soit le PSG ou la redoutable équipe de Metz, l'on ne pourrait pas dépenser mieux et plus que l'autre.

Enfin si. Mieux on pourrait car cela dépend du recrutement.

Mais plus, non. Qu'il soit bon ou mauvais le salaire maximal des joueurs ne pourrait être dépassé. Mazette de mazette. Ce n'est pas une idée dans l'air du temps ça.

« *Et notre liberté alors ? Que va dire Manu fan de l'OM ? Vous imaginez la tête des fans de Marseille si le club ne pouvait plus se payer à prix d'or les Mitroglou de demain ? Dépression sur la Canebière assurée ! Oui, je sais, ce n'est pas bien de se moquer mais bon... On parle de Marseille là mes amis* ! »

L'objectif du salary cap est donc de limiter l'augmentation des salaires et de prévenir les futurs déficits quasi assurés puisque quasi aucun club n'est en réalité rentable.

Et chacun sait ce qu'il advient d'une entreprise qui perd de l'argent. Elle ferme ou dans le meilleur des cas, celui du foot, le club est déclassé et relégué sans toujours pouvoir s'en remettre. Sinon de se vendre comme une nouvelle mode de vente des bijoux de famille aux magnats de tous horizons, dans une fuite en avant désespérée et surtout désespérante.

L'autre avantage mais il n'est pas souvent formulé le *salary cap* permettrait aussi de refonder l'équilibre ou l'équité à l'intérieur des ligues de football.

Pour se battre avec les mêmes moyens. Que resterait-il aux clubs à part cette impossibilité de dépenser de manière démesurée ?

La possibilité d'investir dans la formation plus et mieux. Afin de recruter de jeunes talents et leur garantir une éclosion dans la durée dans un climat de confiance et des modalités financières plus adaptées que celles d'aujourd'hui.

De mieux recruter sur le projet et l'identité d'un club localisé dans une ville et une région pour défendre l'amour du maillot sans haine des autres. À des salaires connus, transparents, limités mais ornés de l'écharpe de la décence.

De renforcer la grille des bas salaires, de tous ceux qui aujourd'hui gagnent moins et beaucoup moins que les grandes stars. Comme s'ils étaient des faire-valoir alors que le foot se joue à 11.

De rendre les championnats plus incertains même si avec le PSG on n'est jamais déçus et que le club peut aussi s'empêtrer alors qu'il devrait, en toute théorie, gagner tous les ans le championnat avec 15 points d'avance.

« *Allez le Losc mes amis* ! *Bon j'ai comme un doute dans l'acceptation de la mesure…* »

Elle est en vigueur pourtant et depuis longtemps dans des ligues professionnelles aux États unis et même, qui le sait, dans le top 14 du championnat de France de Rugby.

Évidemment le diable est dans les détails. Le modèle du salary cap varie d'un sport à l'autre, d'une ligue à l'autre.

Dans le cas du Basket aux États-Unis, le montant total des salaires que versent les franchises aux joueurs annuellement est limité. Pour la saison 2019-20, le Salary Cap était de 110 millions.

Chaque franchise a donc le droit de signer autant de joueurs qu'elle le veut, 15 au maximum auxquels peuvent se rajouter deux autres contrats, tant qu'elle ne dépasse pas le plafond salarial. Le montant de ce plafond est fonction des revenus de la NBA, il peut donc fluctuer d'année en année.

Mais comme nous sommes aux States, il n'a fait qu'augmenter depuis plusieurs exercices en raison du contrat TV signé avec ESPN et TNT.

De plus, un certain nombre d'exceptions permettent aux franchises de signer des joueurs même si, pour cela, elles doivent dépasser le *salary Cap*.

Ces ligues permettent par exemple d'exempter un certain nombre de joueurs, les « *designated players* » non soumis au plafonnement et qui ont tendance à gloutonner une grande partie des salaires du club.

Deuxième limite, celle du plafond qui a tendance, elle aussi, à augmenter élevant la grille des salaires quasi mécaniquement.

« *Eh oui mes amis on reste en Amérique et pour que le ballon de basket tombe dans le cercle il faut payer. Banquer même ! Much ado about nothing ? Raisons pour ne rien faire ? Que nenni* ! »

Mais si la NBA offre cette possibilité aux équipes d'un côté, elle n'oublie pas de taxer de l'autre côté avec la Luxury Tax. Comme le Salary Cap, elle est fonction des revenus de la NBA et son seuil est recalculé au début de chaque saison. Sur l'exercice 2019-20, il était à 132 millions de dollars et devrait rester le même pour 2020-21. En clair : toute équipe dont le montant des salaires dépasserait le seuil de la Luxury Tax, devra payer un impôt à la NBA.

Par exemple, les Portland Trail Blazers qui avaient la plus importante masse salariale de la Ligue à hauteur de 137 millions de dollars pour 2019-20, ont dû s'acquitter de 5 millions en Luxury Tax !

Le système n'est donc pas parfait, ni totalement verrouillé puisqu'en permettant des exceptions il favorise les gros propriétaires prêts à supporter le poids de l'amende.

« Payer *plus pour dépenser plus ! Fallait l'inventer non* ? »

À quand un plafond infranchissable ?

À quand un modèle équivalent considérant que la question d'un championnat fermé est absolument contraire à nos valeurs sportives de montée et de descente ?

Rappelons-nous encore de l'histoire. Un plafonnement de salaires a déjà existé en Angleterre entre 1901 et 1961 avant qu'il n'explose sous les coups de la modernité.

Dans le monde du travail comme dans celui du football, la question salariale est l'objet d'une tension entre les patrons et les travailleurs.

La crise ouverte par la pandémie de coronavirus rappelle cela dans le sport mais aussi dans toutes les activités grassement rémunérées.

La part des anges c'est pour les autres. Pendant que certaines boivent le whisky, d'autres se contentent de humer la vapeur du breuvage.

« L'histoire de toute société jusqu'à nos jours n'a été que l'histoire de la lutte des classes » selon Marx et Engels.

Pourquoi l'histoire du football y aurait-elle échappé ?

Le football est resté longtemps un sport amateur qui ne se pratiquait qu'entre gentlemen.

Mais à la faveur du développement de clubs de plus en plus performants dans le nord industriel de l'Angleterre, l'amateurisme originel de la Fédération va être mis à l'épreuve. Beaucoup de ces clubs, composés en majorité d'ouvriers, pratiquent un professionnalisme déguisé et illégal. En 1885, les instances cèdent.

L'autorisation partielle du professionnalisme marque le premier virage majeur de l'histoire du football, sous l'impulsion du patronat qui en tirera les bénéfices.

En salariant les joueurs, le footballeur devient un travailleur comme un autre. Parmi ces premiers professionnels, les mieux payés gagnent plus que les ouvriers d'usine. Certains montants choquent d'ailleurs la presse.

« *Eh oui rien de nouveau !* »

Mais il faut garder à l'esprit qu'un grand nombre de joueurs ne vit pas encore du football qui n'apporte qu'un complément à leur salaire d'ouvrier.

« Les meilleurs joueurs gagnent jusqu'à £10 par semaine. C'est de cette époque que date la première offensive patronale sur les salaires des footballeurs. En 1893, Derby Country demande à la Football League de plafonner les salaires à £4 par semaine.

En même temps est créé le système du "Retain and Transfer" qui donne les pleins pouvoirs aux dirigeants sur la carrière et les salaires des joueurs. Ce système tiendra jusque dans les années 60.

Influencés par la combativité de la classe ouvrière, certains footballeurs vont tenter de s'organiser syndicalement sans grands résultats. Certains de ces joueurs trouveront une issue en rejoignant d'autres clubs, ceux de la Southern League concurrente, comme Southampton ou Reading, qui offrent des salaires plus élevés, et des primes.

En 1901, le salary cap est définitivement adopté en Football League et les primes de fin de saison supprimés. La victoire patronale est totale.

Au sortir de la 1re Guerre mondiale, le patronat des clubs ne relâche pas sa pression sur les salaires. Le salaire maximum est plafonné à £10 par semaine puis abaissé à

£9 dès 1920, puis à £8 en 1921. Jusqu'en 1947, le salaire n'augmentera plus.

En 1958, le salaire des footballeurs, plafonné à 20 livres, n'est plus que 5 livres au-dessus du salaire ouvrier moyen. Mais en 1961, le salary cap est officiellement aboli, même si certains clubs en maintiennent un informel, et Johnny Haynes devient le premier joueur à toucher 100 livres par semaine. »[1]

Cette brève histoire illustre bien tout ce qui a changé.

Personne ne songe aujourd'hui à construire ou reconstruire un système qui limitait les salaires des joueurs car il serait une menace pour le système, la société et donneraient des idées à la classe ouvrière.

Le propos d'aujourd'hui est de construire un autre modèle au système qui a suivi et qui a explosé la grille des salaires. Pour le foot, le sport, et toutes les rémunérations choquantes alors que la pauvreté n'a jamais été aussi partagée.

Commencer par le sport et le football a un immense avantage. Car il parle à tout le monde et il est devenu un symbole des dérives du libéralisme.

À chaque crise économique mondiale, les esprits se ressaisissent de la question afin de créer un modèle plus vertueux. Et puis tout cela fait pschitttt !

Qui va commencer ? Qui doit commencer ?

« *Regardons vers la Chine. Ah nos amis et camarades communistes, quels comiques* ! »

La Fédération chinoise de football (CFA) a décidé, fin 2020 de plafonner les salaires des footballeurs étrangers à hauteur de 3 millions d'euros par saison.

---

[1] Économie du football professionnel, le football professionnel est-il soutenable dans sa forme actuelle ?, Bastien Drut, Collection repères La Découverte, 2011

Inquiète pour la santé financière de ses clubs de football, la Chine s'est décidée à revenir à la révolution culturelle et sportive.

Cette politique vise à freiner les bulles d'investissement dans les championnats, dopés et sur vitaminés, et à promouvoir le développement sain et durable du football professionnel.

« *Mao reviens. Ils sont devenus fous* ! »

De nombreux joueurs ayant évolué en Europe sont passés par le championnat chinois notamment Carlos Tevez qui a publiquement assumé rejoindre le championnat chinois, après un passage à Manchester City, dans l'unique intention de gagner des sommes astronomiques.

L'attaquant argentin avait reçu la somme record de 38 millions d'euros annuelle de la part du club de Shangai Shenhua. Désormais ça ne sera pas plus de trois par an. Cette nouvelle règle est également assortie de sanctions pouvant aller d'un retrait de point jusqu'à la relégation en championnat.

La France évidemment pourrait, si elle trouvait quelque courage prendre une mesure identique. Combien gagne Neymar pour son nouveau contrat jusqu'en 2026 ? 36 millions d'euros nets… par saison !

Messi, qui vient d'arriver au Qatar SG ?

D'abord pour commencer notre repas, une petite entrée : une prime à la signature de 40 autres millions.

« *Bah oui quoi, quand on aime, on compte pas.* »

Puis un salaire. Normal quoi. A priori plus de 40 millions d'euros par an, pour un contrat de deux ans et un an d'option. Je vous laisse calculer. Mais bon, avec lui on n'est jamais sûr de la transparence des contrats. On espère quand même qu'il payera tous ses impôts hein !

Il parait même que le ministre des comptes publics, Olivier Dussopt, a déjà calculé ce que cela rapporterait à la

France et à nos finances publiques. Faut bien s'occuper pendant ses vacances notre ancien socialo…

Messi lui-même a proposé une baisse de 50 % de salaire pour rester au Barca sans que les dirigeants barcelonais n'acceptent l'offre.

Du coup les mauvaises langues disent qu'il a été obligé d'accepter l'offre du Qatar, pour jouer en Ligue des Champions. Et en Ligue 1, on espère aussi pour ce prix-là non ?

Les détracteurs du fair-play financier usent toujours du même argument, l'objection d'une Europe construite sur la libre concurrence. Notre championnat alors perdrait mécaniquement en attractivité puisque les meilleurs joueurs, les joueurs les mieux payés, rompraient leurs contrats pour d'autres contrées fussent-elles moins vertes.

Et alors ? Alors il revient aux instances européennes de réguler, elles ont commencé avec le fair-play financier de Michel Platini, de créer des conditions de pratiques financières plus adaptées, plus justes et plus modernes. Nous y reviendrons. Que cessent ce grand barnum et cette extase de l'indécence.

Chapitre 6

Le nouvel Or Noir

La frontière est une invention. Humaine.

Fruit de notre intelligence, celle-ci nous a permis de réaliser des tracés, plus ou moins droits, pour délimiter, ce qui appartenait aux uns et aux autres, affirmer l'autorité sur des régions et en définitive créer des pays, des principautés ou autres formes de souveraineté.

Tout cela a pris du temps. Des siècles.

La frontière est une ligne invisible mais d'une réalité frappante, permettant de tracer le droit d'un côté et définir des réalités de l'autre. Les marchandises qui entrent et qui sortent, les hommes qui vont et qui viennent, les nuages qui passent sans rien demander, radioactifs ou non, les insectes et oiseaux par définition de passage, le vent qui souffle, le fleuve et la montagne partagés.

Si la Terre est ronde, elle est aussi soumise aux traits de crayons de l'histoire celle qui a construit les peuples et nations quitte à ce que la gomme ne soit jamais loin. Les pays sont donc apparus liant les populations à leur nationalité, leur donnant un ensemble de caractéristiques et de droits pourtant pas toujours transférables d'un pays à l'autre.

« *Ne poussons pas quand même* ! »

Rappelons cette histoire vraie et originale de « l'ile de la Rose », celle dans laquelle Giorgio bâtit dans les années 60 au large de l'Italie, une plateforme de 400 m² dans les eaux internationales, qu'il fait reconnaître comme un État indépendant.

« *Il fallait y penser non ?* »

Anarchiste épris de liberté, Giorgio dote sa « République » de ses propres drapeau et langue. Ne lui a manqué que le temps d'aller plus loin et de créer sa propre équipe de football après celle de son gouvernement.

Que nous dit cette histoire ?

Que l'imagination et le pouvoir de l'homme sont sans limite autant dans sa capacité à construire que dans celle de détruire. L'ile de la Rose fut dynamitée comme une partie de nos rêves.

Nous attendons maintenant avec impatience que le Vatican relève le défi. Comme la principauté de Monaco, celui-ci à tout pour réussir.

Un leader maximo, de l'argent à souhait, des fidèles à volonté, une chaine TV…

« *Que demande le peuple au-delà du pape !?* »

Dans le même temps, rien de définitif évidemment. Qui se souvient que la Tchécoslovaquie fut un seul pays, divisé aujourd'hui entre Tchéquie et Slovaquie ? Qui se souvient des empires d'hier, notamment Anglais, Français, Belge, Portugais, Allemand... se partageant l'Afrique comme l'on se partagerait un gâteau ? Apôtres d'une certaine forme de géométrie, les frontières n'ont ici, entre les pays, rien de naturel.

Et les conséquences de cette colonisation durent et durent malgré les indépendances signées au cœur des années 60.

« *Fini le Congo belge mes amis !* »

Le sable du Sahara ne se soucie pas de cela. Il file aussi vite par-dessus la frontière quel que soit le pays traversé. Merci au Sirocco !

Dieu, décidément, est un petit génie. Ce qu'il n'avait pas pensé et imaginé, il le céda et le créa, via Adam et Ève. L'Homme donc se substitua à Lui pour, dans une inspiration du diable, créer le concept réel de frontières.

« Much ado about nothing. » Beaucoup de bruit pour rien ? Vraiment ? »

C'est un sujet. Tabou.

Personne ou peu l'évoque.

Celui de la mondialisation de l'économie. Et ses conséquences.

Diffuse, lente, elle a éclaté au grand jour de la modernité du siècle d'hier sans que personne ne se retourne de trouver des carottes râpées venues d'Israël dans nos hypermarchés.

Le football a suivi. N'échappant pas aux nouvelles règles d'une nouvelle géographie.

Celle qui a rétréci la planète pour en faire un village dans lequel tout le monde se connait, se mêle et s'entremêle, gambade dans le pré vert.

Celle qui a conduit nos ligues européennes à devenir des arlequins, tels que décrits dans le livre[1] de *Michel Serres*, se parant de cultures, de couleurs, de langues, de religions diverses créant les conditions presque ultimes d'une planète sans frontières.

Altérité quand tu nous tiens.

Il y a 50 ans l'étranger était celui qui quittait son village pour un autre, celui qui troquait son maillot pour un autre et était maudit lui et les générations suivantes pour l'éternité. Et plus si affinités !

---

[1] Le Tiers instruit, Michel Serres, 1991, Editions François Bourin

Le chant du coq a fini de retentir dans nos villes et campagnes pour laisser place à une certaine forme de modernité. C'est le melting pot à tous les étages.

C'est « Bread ans Rose's » tous les jours mes amis. Moins par la difficulté de franchir les frontières, quoique, que par la manière dont on traite ces nouveaux migrants aux illusions sportives.

Cette histoire, mis en scène par Ken Loach[1], si répétitive, se passe à Los Angeles au milieu des années quatre-vingt-dix. Elle s'inspire d'une lutte qui a réellement eu lieu, celle d'employés préposés au nettoyage des grands buildings luttant pour arracher le droit d'être syndiqués, d'avoir une assurance maladie et une augmentation de salaires.

Pas de héros au sens premier dans ce film mais des êtres, des ouvrières, des femmes venues du Mexique, du Guatemala, de la Jamaïque, du Salvador ou de Russie pour trouver un moyen de nourrir leur famille. Passer clandestinement la frontière, échapper aux fléaux des passeurs, trouver un emploi, autant de combats qui exigent détermination personnelle mais aussi solidarité de ses proches, dans sa famille ou parmi ses collègues.

Voyez-vous le parallèle entre cette histoire et celle de ces milliers de jeunes qui ont échoué à embrasser les ligues professionnelles ?

Ceux qui aujourd'hui peuplent les divisions inférieures pour un *(petit)* salaire ou une simple indemnité loin de l'Eldorado promis et des millions esquissés. Gogos à volonté !

« Du pain et des roses », Bread and Roses est le titre d'un poème de James Oppenheim publié dans en décembre 1911, qu'il dédie aux « femmes de l'Ouest ». Son titre est repris comme slogan lors de la manifestation des ouvrières textiles de Lawrence, Massachusetts en

---

[1] Bread and Roses, Ken Loach, 2000

janvier-mars 1912, aujourd'hui connue aux États-Unis sous le nom de « Bread and Roses strike ».

« Alors que nous arrivons, marchant dans la beauté du jour,

Un million de cuisines sombres, un millier de greniers sombres,

Sont touchés par l'éclat d'un soleil radieux soudain,

Car l'on nous entend chanter : « Du pain et des roses : du pain et des roses ! »

Alors que nous arrivons, marchant, nous bataillons aussi pour les hommes,

Car ils sont les enfants de femmes, et nous les engendrerons de nouveau.

Nous ne suerons pas nos vies de ma naissance à la mort ;

Les cœurs meurent de faim autant que les corps ; donnez-nous du pain, mais donnez-nous des roses !

Alors que nous arrivons, marchant, d'innombrables femmes mortes,

Pleurent alors que nous chantons leur antique cri pour du pain.

Leur esprit besogneux connaissait les petites œuvres d'art, l'amour et la beauté.

Oui, c'est pour le pain que nous nous battons – mais nous nous battons pour les roses aussi !

Alors que nous arrivons, marchant, nous apportons les jours meilleurs.

L'insurrection des femmes signifie la révolte de l'espèce (humaine).

Pas plus de bête de somme que de fainéant – dix qui peinent pour un qui se repose,

Mais un partage des gloires de la vie : du pain et des roses ! Du pain et des roses ! »[1]

---

[1] James Oppenheim, « The American Magazine », 1911

Entendez-vous ce chant à la résonnance si moderne ? Qui aujourd'hui voudrait se passer de pain et de roses ? Ces femmes d'hier sont encore là, nouvellement incarnées dans une autre époque, d'autres lieux et contextes. Ces femmes sont aujourd'hui d'autres femmes, d'autres hommes, d'autres enfants. Elles sont nous, elles, ils, sont partout.

Les années 70 et 80 ont vu tomber ce mur sans nom mais qui rappelle le mur de la honte. Il s'est reconstruit, silencieusement, d'une autre manière. Le poids des maux a été remplacé par l'affairisme et de nouvelles pratiques rappelant l'esclavagisme.

Les manuels d'histoire rappellent que celui-ci a été combattu et aboli. Vraiment ?

« *Victor Schœlcher reviens, ils sont devenus fous* ! »

Abolition, c'est vrai. Mais l'on y a substitué une autre forme de domination, pas forcément moins douce, permettant à de nombreux de pays de faire travailler pour rien ou peu, hommes, femmes et enfants. Ces ateliers monde qu'a généré cette mondialisation heureuse nous fournit les produits dont nous avons besoin et même ceux, surtout, qui sont complètement inutiles.

Se rappelle-t-on combien d'enfants travaillent dans le monde ? Plus de 160 millions dans l'agriculture, les mines, la prostitution, le textile et même la fabrication de ballons de football.

« Ce ballon de football construit par ces petites mains pour une somme ridicule et vendu à prix d'or pour les marchés occidentaux. Sialkot au Pakistan. 500 000 âmes et capitale mondiale du ballon pour son économie tournée autour des articles de sports. Assis à même le sol, coutures à la main dans des conditions de travail difficiles, ces enfants sont payés une misère. »[1]

[1] Benoit Hopquin, « Les enfants de la balle du Pakistan », Le Monde, 24 février 1998

« Esclavage d'hier ? Esclavage d'aujourd'hui ? »

Le nouvel Or Noir est partout. Qui se souvient du premier joueur de couleur dans la ligue anglaise ? De Peter Ndlovu, 1er Africain noir en Premier League ?

C'était un autre monde dans lequel les frontières étaient elles aussi dans nos têtes, celles par lesquelles l'indicible ne se disait pas mais se pratiquait, un temps où dans de nombreux pays, nos démocraties, le poids d'un racisme ambiant rampait. Alors oui la libéralisation des esprits, l'ouverture vers le monde, le rétrécissement de la planète fut une bonne chose pour faire progresser l'âme humaine, celle qui fait notre condition d'hommes et de femmes « melting potelisé ».

Il ne s'agit pas de regretter le monde d'hier qui résonne encore dans notre monde d'aujourd'hui. Celui d'un monde nouveau qui émerge et qui tend à se rétracter, à fortifier ses frontières, à pratiquer et à parler le Viktor Urba, comme si le Hongrois pouvait servir de modèle.

« N'est pas Puskas qui veut mes amis ! »

Aujourd'hui les footballeurs, ressortissants africains, sont partout et représentent près de 25 % des joueurs de première division. Dans le top 5 des « pays exportateurs » (*si on considère nos galopins comme des marchandises, pfff)* : Nigeria, Sénégal, Cote d'ivoire, Cameroun ou encore Gabon.

C'est vrai en France.

Mais aussi en Belgique, en Espagne, au Qatar, en Russie. C'est vrai dans l'élite mais aussi dans les ligues mineures et dans nos championnats fédéraux. À trifouillis les alouettes par exemple, il n'est pas rare de recruter au grand large.

« *Bah quoi ? Au prix où ça coûte, on va ne pas se priver non, mes amis ? C'est no risque. Et en plus c'est comme les autres, s'il n'avance plus, ça sera la porte illico. Décidément, j'adore ce monde libéral ! Il avait raison Ricardo !* »

Bardamu quitte ce corps.

Ricardo, pas le footballeur hein, distingue la valeur d'usage (c'est-à-dire l'utilité) et la valeur d'échange. Si la valeur d'usage est nécessaire pour qu'il y ait échange, ce n'est pas elle qui fonde la valeur d'échange comme le montre le paradoxe de l'eau et du diamant : l'eau a une forte utilité mais une valeur d'échange très basse ; au contraire le diamant a une utilité faible mais une valeur d'échange forte.

« *Bon vous l'aurez compris, je me pose la vraie et seule question qui vaille : dans cette logique, où se situent les footballeurs* ? *Entre l'eau et le diamant ? Entre l'air et le cobalt ?*

Ça dépend ! De qui en parle, de quand on parle et surtout de qui vend et achète. Mazette ! On dirait furieusement la définition même du mot marché. »

Le phénomène est mondial pour la plus grande chance et le plus grand bonheur de tous ?

Vraiment ?

Vous l'aurez compris, il ne s'agit pas de regretter ce bon vieux temps, celui dans lequel nos équipes de football étaient celles des « gars du coin », pour être brutal, « tous blancs » (suivez *mon regard à droite, les gars de la Marine*) mais de nous interroger sur les excès de notre système monde et de ceux de ce sport que nous adorons.

La lecture du monde dans lequel nous vivons n'est ni celle d'une apothéose de tous les instants, ni celle d'une déprédation honteuse.

Elle est factuelle et clinique.

Pour évoquer ce qui fait notre nature. La nécessité pour chacun d'entre nous de bien vivre, de mieux vivre et de tenter sa chance. Celui qui s'applique à nos amis footballeurs africains et sud-américains que nous importons comme nous faisons venir du maïs ou du soja.

« Allez hop ! Je m'en vais acheter deux ou trois pépites à Yaoundé ! Avec un peu de chance, j'arriverai bien à convaincre mon fournisseur de m'en donner un quatrième gratuitement. »

Chic et classe non ?

« Bread and Rose's qu'on vous a dit ! »

Ne vous y trompez pas. Tout cela correspond aussi à un modèle économique qui laisse une chance aux jeunes Africains mais permet aussi leur exploitation à toutes les échelles.

On achète un joueur ou un contrat, si l'on veut rester courtois, pour faire un double investissement. Un investissement sportif afin de renforcer sinon l'équipe professionnelle, du moins le groupe. Un investissement financier pour espérer revendre le joueur sans même qu'il ait fini sa formation, participer à un match en professionnel sans que sa cote ait baissé. Nous sommes ici sur un modèle de spéculation remarquable d'avidité.

« *Dieu est un Trader !* »

C'est comme cela tous les ans, tous les mois, tous les jours sur le continent Africain mis en coupe réglée par les superviseurs, les recruteurs, les agents, rabatteurs en tous genres qui évaluent le profil des joueurs et leur chance de percer et de rapporter gros.

Évidemment tout le monde a en tête ceux qui ont fait le succès des grands clubs européens hier et aujourd'hui, Weah, Abedi Pelé, Etoo, Drogba… qui n'évoquent que peu pourtant la mécanique et les moyens déployés pour pressurer le continent.

C'est un immense filet à papillons, aux mailles resserrées qui prend tout son sens, par exemple, dans le projet Qatarien « Aspire créé en 2004, il ressemble et colle à la stratégie globale Qatarienne de sortir du tout pétrole pour se transformer, grâce aux pétrodollars d'aujourd'hui, en un pays aux fondements différents notamment touristiques. [1] »

Le sport devient ainsi un levier pour parvenir à ses fins et dans lequel l'investissement dans le football est incontournable. Le rachat du PSG participe de cette « diplomatie du ballon rond » permettant au Qatar de se faire encore mieux connaitre au Monde, de se voir attribuer, dans des circonstances douteuses la prochaine coupe du monde.

Dans la balance ? La climatisation des stades !

« On a hâte de voir la prochaine facture d'électricité de l'Émir ! »

Il fallait y penser et le vouloir ! Comment imaginer que l'exigence physique d'une telle compétition puisse permettre à un pays, au climat si aride, d'être candidat et même lauréat du « vote » des instances mondiales ?

« Suivez mon regard... Sous la table ! »

Depuis le lancement du projet émirien, on estime à plus de 4 millions le nombre de joueurs testés sur quasi tous les continents, notamment africain.

« *Essorage et lessivage garantis ! Là où le Qatar passe, la morale trépasse.* »

Du coup le vivier des talents baisse autant que les nappes pétrolifères.

Que l'on saisisse bien ce qu'il se passe. Cette opération, sous couvert d'un vernis humanitaire, sert avant tout des intérêts privés dans lesquels au bout du bout une vingtaine de candidats auront loisir de finir leur formation au Sénégal avant d'être vendus dans des clubs européens et en particulier les filiales installées comme tête de pont.

Ce projet « Aspire », au nom évocateur, a été pensé, comme souvent avec nos amis Qataris, en grand.

---

[1] Magique Système, L'esclavage moderne des footballeurs africains, Edition marabout, p.50, 2018

À l'échelle mondiale.

Pour repérer, recruter, former, vendre, cycler et recycler nos apprentis footballeurs pour la gloire de l'Émir et évidemment améliorer l'image du micro-État via le sport.

Aspire est un exemple parmi d'autres de ce foot business dans lequel nous nous complaisons consciemment ou non devant nos télévisions ou dans les stades.

Quasi tout le continent est en coupe réglée, Cote d'ivoire, Sénégal, Mali, Cameroun, Gabon…voient proliférer des académies, des centres de « formation », des lieux gris mal famés de dépistage et pré-dépistage permettant de faire et de tout faire.

Trier, sélectionner, virer, mentir ou au moins aménager la vérité sur l'âge des joueurs, l'identité de ceux-ci afin de capitaliser et rendre rentable au plus vite.

Tout le monde se souvient de ce joueur, Joseph-Marie Minala, et la polémique mondiale, née en 2014, liée à son âge en rapport avec son apparence physique plus proche d'un quadragénaire qu'un gamin de 20 ans.

Tout cela est révélateur des pratiques en cours, la fin est dans les moyens que l'on se donne pour réussir et des complicités pour y arriver. Il parait peu probable qu'un club aussi structuré que la Lazio de Rome ait pu laisser passer sans y trouver une certaine forme d'intérêt.

« Suite à cette polémique, notre ami Minala fut prêté, une fois, deux fois. [1] » … À l'heure actuelle il sévit encore sur des terrains de football dans des divisions inférieures sans avoir totalement réussi sa carrière.

« Ni sa vie ? Mirages, mirages. »

De fait, on spécule sur cette jeunesse bafouée comme on spécule sur l'Or Noir.

Dans un silence assourdissant.

---

[1] Magique Système, L'esclavage moderne des footballeurs africains, Edition marabout, p.39, 2018

Cette jeunesse est une victime. Même consentante, elle reste victime.

« *Qui ne se laisserait pas tenter par les promesses d'un avenir plus radieux fut-il présenté par des margoulins de la pire espèce, nouveaux apprentis esclavagistes de notre siècle* ? »

Qui intervient pour interdire tout cela ?

Les fédérations ? Hum…

Les États et gouvernements ? Hum…

Qui dénonce ? Qui se satisfait de tout cela sinon nous-mêmes peu enclins à réfléchir et à modeler des règles nouvelles, plus transparentes, plus vertueuses ?

Tout cela participe d'un modèle dans lequel le libéralisme impose sa dictature, celle du profit et de l'argent sans se soucier des conséquences et de la casse humaine pour ces milliers de jeunes à la vie brisée.

Un exemple criant ? Dans le cadre des migrations, entre les continents africain et européen, les Mineurs Non Accompagnés (MNA) mentent sur leur âge pour entrer et rester en Europe. Tout est fait par les pays d'accueil pour tester le véritable âge de ces jeunes gens soupçonnés d'être plus vieux, notamment par des tests osseux, pas toujours infaillibles.

Cela nous parle de ce que nous sommes. De notre « empathie profonde » pour l'accueil. Des valeurs qui sont les nôtres mettant la France au supplice de son histoire.

D'un côté les filières s'organisent. Des pays de départ pour les Eldorados européens, France, Angleterre, Italie, Espagne, Allemagne avec des prix de passage redoutables pour franchir les frontières, une fois, deux fois… dix fois. 10 000 euros pour franchir la mer du Nord entre le littoral et la perfide Albion Et combien pour arriver jusque-là ?

Sans toujours parvenir au but.

On les appelle au mieux les exilés, au pire les migrants. Ceux que l'on dénonce parce que l'on n'en veut pas car nous ne les avons pas choisis, pas recrutés. Cela ne veut pas dire qu'ils ne sont pas utiles, employables dans des conditions discutables.

Ce sont nos invisibles.

Ceux qui ne peuvent ni partir ou repartir et encore moins, légalement rester. « *Bread and Rose's mes amis* ! »

Quel rapport avec nos footballeurs ? C'est le même monde mes amis. Le même !

Plus de 6000 footballeurs partiraient tous les ans dans des conditions invraisemblables pour tenter leur chance, utilisant eux aussi les mêmes réseaux de passeurs.

Passeurs, le mot est lâché. Il est connu pour ceux qui organisent en réseaux les axes de passage vers l'Eldorado européen ou américain.

Dans le football, il a un synonyme, c'est l'agent qui est le passeur. Et cela peut même être légal !

« *Eho, amis capitalistes ! C'est pas du bonheur pur cette affaire* ? »

Pour utiliser des voies plus sûres et plus légales, les jeunes footballeurs africains mentent eux aussi (on leur demande de manière douce et policée évidemment) pour « se rendre plus jeunes » et peser davantage sportivement sur leur intégration dans des équipes européennes.

« *Minala un jour, Minala toujours* ! »

Dans d'autres lieux, d'autres époques, d'autres âges, d'autres nationalités mais reproduisant toujours le même schéma afin de feindre un âge, celui qui permettra la signature d'un contrat.

Comprenons cette logique comme la conséquence d'une volonté de quitter son pays pour un avenir meilleur. Quitte à se mettre entre les mains de toux ceux qui pressureront et profiteront d'un système bien huilé.

Qui connait le nombre de joueurs africains dans les grands championnats de football ?

D'après le centre international d'étude du sport, les ressortissants africains représentent aujourd'hui plus de 20 % des joueurs évoluant en Europe.[1]

C'est évidemment une question liée au rapport qualité/prix qui se retrouve dans les propos souvent ambigus d'entraineurs, d'agents, de directeurs sportifs et même de propriétaires de clubs.

« C'est pas cher. »

« C'est cadeau. »

« Il galope comme une gazelle et en plus même s'il ne joue pas je vais pouvoir le revendre plus cher. »

« À ce niveau de cynisme et d'indécence, il y aurait quelques paires de baffes à distribuer non ? Allez, soyons courtois, nous nous contenterons de quelques règles pour juguler et encadrer ce système. Et quelques cours d'histoire et d'éducation à nos recruteurs de tous poils ! Ça ne leur fera pas de mal non ? »

Ces pompeurs d'Or Noir ont le toupet bien affirmé.

Pensent faire le bien pour ces petits jeunes venus de loin, leur donnant pour un temps la grande illusion avant très souvent de déchanter.

« *Si on ne peut plus venir chercher de la main-d'œuvre bon marché en Afrique mais où va-t-on* ? »

Hier les destinations habituelles restaient souvent celles qui menaient aux pays européens. Aujourd'hui le mercato est mondial dans une bourse aux enfants qui ne dit pas son nom. Vers l'Inde, la Thaïlande, la Russie. Viendra même un jour où on arrivera à exporter vers la Lune.

« Luniens, Luniennes, je vous ai compris ».

Normalement, la formation de chaque jeune doit être prise en compte et compensée financièrement. Pourtant ce

[1] Christophe Gleizes, « En Afrique, quand le rêve de football aboutit à la traite d'êtres humains », Entretien accordé Le Monde, 18 février 2018

qui a cours entre clubs de notre continent, ne s'applique pas ou alors de manière très imparfaite en Afrique.

Les clubs sont dépossédés de leurs « biens », de leurs droits et s'en remettent souvent à des négociations hasardeuses afin de conclure d'abord et avant tout le deal.

« *Exit nos règles FIFA pour réguler tout cela. Après tout vaut mieux un mauvais deal que pas de deal du tout non ?* »

Pris au piège de l'impérieuse nécessité de vendre, de l'urgente obligation de migrer, il ne reste que d'autre choix pour l'acheteur de pratiquer un vol légal.

« *Magnifique non* ? »

Tout cela est aussi sophistiqué qu'un plan bourse à Londres confié à Jérôme Kerviel.

Tout est bon pour arriver à ses fins. Promettre de payer plus tard, de partager les droits sur une future et hypothétique cession, de se rattraper sur le prochain.

« *Bon patron, je t'en prends dix. Y en a bien un qui finira par faire quelque chose non* ? »

À force de vider l'océan, la mer morte n'est pas loin.

Mises à part les quelques académies ayant vraiment pignon sur rue, qui aujourd'hui contrôle directement ou indirectement la multitude de structures, faites souvent au mieux d'un terrain bosselé et de ballons improbables ?

Qui au bout du compte a intérêt économique et sportif à pressurer le continent sinon les clubs européens ?

Toutes les frontières sont alors explosées. Le jeune, très jeune est déraciné, coupé des siens, sans aucune garantie pour son avenir et celui de sa famille.

Pèse sur lui l'obligation de réussir pour renvoyer à celle-ci les moyens de mieux vivre. Dans cette optique, les parents eux aussi sont responsables, poussant les leurs à partir. Le business de la misère comme seule solution.

Dans l'exploitation éhontée des familles pour au mieux des milliers de dollars ou un simple petit billet accompagné d'une mirifique promesse.

Il existe pourtant d'autres règles qui empêchent le transfert de jeunes mineurs.

Le règlement du statut et du transfert des joueurs de la FIFA en pose le principe, dans son article 19.1. « En principe, le transfert international d'un joueur n'est autorisé que si le joueur est âgé d'au moins 18 ans. [1] »

Le principe interdit donc de transférer un joueur mineur, même si ce principe comporte de nombreuses exceptions.

La première si les parents du joueur s'installent dans le pays du nouveau club pour des raisons étrangères au football, par exemple pour des raisons professionnelles, hors recrutement par le club ou évidemment de produire un faux contrat de travail dont l'unique but est de contourner le règlement FIFA (fraude à la loi). Voilà pour la théorie.

Qu'en est-il en réalité ?

Et bien en réalité la magie produit de somptueux effets et il n'est pas rare de voir les parents accompagner leur progéniture pour préserver leurs intérêts. Évidemment, nous n'évoquons pas un joueur lambda mais « une pépite »…

C'est fou d'ailleurs comment le vocabulaire footballistique a pu s'approprier des termes laudatifs.

La deuxième est la possibilité que le transfert ait lieu à l'intérieur de l'UE pour les joueurs âgés de 16 à 18 ans.

Enfin la troisième, si le joueur vit « tout au plus à 50 km d'une frontière nationale et si le club auprès duquel le joueur souhaite être enregistré dans l'association voisine se trouve à une distance de 50 km maximum de la

---

[1] « Sports et droit, les transferts internationaux de joueurs mineurs », Règlement FIFA

frontière. La distance maximale entre le domicile du joueur et le club doit être de 100 km. Dans ce cas, le joueur doit continuer à habiter chez ses parents et les deux entités concernées doivent donner leur accord exprès. [1] »

« Accords de papiers mes chers amis. »

Rien n'aura vraiment permis de casser le flux de transferts à bon compte de l'Afrique vers l'Europe, de créer dans les pays de départs des centres de formation adossés à des clubs locaux, pour un pillage qui reste organisé à toutes les échelles.

« *Vive le sport* ! »

Tout cela fonctionne de manière binaire. D'une simplicité enfantine. Il y a d'un côté la pauvreté subie et de l'autre l'espoir. Le choix est rapide.

Pour quels résultats ?

Le football africain est connu de deux façons différentes et complémentaires en Europe. Par le nombre de joueurs « importés » et ces flux qui se densifient d'année en année. Par l'émergence de grands talents dopant les championnats et surtout confortant le mécanisme de migrations pour copier le « star système ».

Ainsi depuis 1985 et la récompense du Marocain Timoumi du FAR de Rabat, tous les gagnants du Ballon d'or africain évoluent dans des pays européens l'année de leur victoire. Georges Weah en est l'exemple le plus frappant et le plus réussi. Après une carrière pleine de succès, G. Weah est devenu Président du Nigeria !

Ainsi donc, tous les chemins sont possibles.

« *Attention, cher Emmanuel Macron, à Dimitri Payet pour 2022 »*. Droit au but !

---

[1] « Sports et droit, les transferts internationaux de joueurs mineurs », Règlement FIFA

Depuis « l'arrêt Bosman »[1] prononcé en 1995 par la Cour de justice des communautés européennes, la présence de joueurs possédant un passeport communautaire dans des pays membres de l'Union européenne n'est plus soumise à des quotas.

Après l'Amérique latine, l'Afrique représente ainsi la principale zone d'origine extracontinentale des joueurs expatriés notamment des pays d'Afrique de l'Ouest, aux puissants liens historiques avec les anciennes métropoles.

En Europe et notamment en France les footballeurs africains tendent à être recrutés par des clubs de niveau moyen, qui ne disposent pas de budgets leur permettant d'engager « d'autres joueurs ».

Dès lors la mécanique infernale du trading se met en place.

« *J'achète, je vends. J'achète, je vends. » C'est simple comme un coup de marteau sur un clou* ! »

Seule une minorité arrivera à s'installer durablement dans les grands championnats européens, de nombreux joueurs devront se contenter de carrières plus modestes alors que d'autres, beaucoup d'autres joueurs seront obligés de repartir ou de rester dans des conditions de grande précarité.

Migrations, migrations…

Tout cela n'est pas linéaire, fruit d'une équation mathématique et financière. Cela prend un tour forcément individuel, en fonction des circonstances, des rencontres, bonnes ou mauvaises, des blessures ou non.

Retracer le parcours d'un joueur pendant toute sa carrière peut être un vrai jeu de piste.

Le terrain de jeu est mondial. S'ils sont encore peu présents en Amérique du Nord et du Sud, les footballeurs

---

[1] Pierre Lagrue, « SPORT (Disciplines) - Le football », Encyclopædia Universalis [en ligne], consulté le 28 décembre 2021. URL : https://www.universalis.fr/encyclopedie/sport-disciplines-le-football/

africains sont de plus en plus nombreux en Asie notamment dans des pays du golfe Persique, aux Émirats arabes unis, au Qatar, en Arabie Saoudite ou au Bahreïn. Des réseaux de transferts se sont mis en place depuis quelques années entre l'Afrique et l'Asie.

On trouve également plusieurs dizaines de joueurs africains dans des pays du Sud-Est asiatique (Cambodge, Vietnam, Indonésie, Thaïlande, Malaisie, etc.).

En février 2007, soucieuse de favoriser les joueurs nationaux, la Fédération de football cambodgienne annonçait la fermeture des frontières pour les footballeurs étrangers à compter du début de la saison suivante.

Les nombreux joueurs nigérians, alors sous contrat avec les équipes cambodgiennes, ont dû trouver une autre destination. Des footballeurs africains évoluent dans différents pays asiatiques lors de la même année. Une dizaine de joueurs disputent, par exemple, le championnat du Bangladesh, où la saison ne dure que de juillet à septembre. Le reste de l'année, la plupart d'entre eux participent aussi au championnat de Hong Kong

La trajectoire de l'Ivoirien Kader Keita est un exemple de cette mondialisation galopante.

Après un bref séjour en Suède à l'âge de dix-sept ans organisés par l'intermédiaire d'Alfred Obrou, un agent de joueurs ivoirien résidant à Stockholm, Kader Keita retourne en Côte d'Ivoire dans le club de l'Africa Sports Abidjan.

Au bout d'une année, il est transféré en Tunisie, dans le club de l'Étoile sportive du Sahel, où il reste une saison. De Tunisie, il repart en direction des Émirats arabes unis et s'engage pour le club d'Al Aïn.

Un an plus tard, il est recruté par l'équipe qatarie d'Al Sadd Doha. Après trois ans au Qatar, Keita est engagé par le LOSC pour un montant estimé à 3 millions d'euros. Deux ans après, le club français réalise une importante plus-value en cédant le joueur à l'Olympique lyonnais pour 16 millions d'euros.

Devenu indésirable à Lyon, Keita part à Galatasaray Istanbul, qui l'a recruté pour environ 8,5 millions d'euros puis en 2010 retourne à Al Sadd Doha pour 8,5 millions d'euros, club qu'il avait quitté en 2005.

En septembre 2012, il se libère de tout engagement sportif avec son ancien club après avoir remporté la Champions League Asie.

Aujourd'hui Kader Keita est en retraite. Bien méritée. Il aura bien gagné, a priori, sa vie et généré pendant toute sa carrière des flux financiers importants.

De quoi vivre. Pour lui. Sa famille. Ses agents. Les intermédiaires.

Toute la faune prédatrice qui a vécu grâce au talent de Kader.

Si le constat d'une Afrique pillée de ses talents est accablant, le rôle des agents dans cette situation est primordial. Quel que soit le statut de celui-ci, installé et reconnu pour miser sur le bon cheval ou rabatteur à la petite semaine, tous vivent le même but : gagner de l'argent sur le dos des jeunes joueurs et de leurs familles.

Puisque la situation était complexe et intenable, la FIFA a décidé en 2014 d'en finir avec le système de licence des agents (pas en France) ne pouvant contrôler leur activité. Dès lors le nouveau règlement fixe un nouveau statut d'intermédiaire, plus flou et encore plus insécure pour les joueurs.

On devine que les pratiques grises se sont multipliées. Puisque tous les agents ou intermédiaires ont intérêt direct à la signature de contrats, locaux ou internationaux, ils ont aussi intérêt à la multiplication des transferts, occasion rêvée que de revaloriser leur joueur.

Ainsi donc, mais cela est vrai aussi en Europe et partout dans le monde, la multiplication des transferts de clubs à clubs est une formidable occasion pour empocher de nouvelles commissions.

On devine d'ailleurs assez peu le potentiel si on l'appliquait aux autres salariés.

« *Dis Martin Bouygues, j'ai René au bout du fil. Tu ne veux pas lui donner un contrat ?* »

« *Dis Bolloré, j'ai Stéphane Guy au téléphone. Tu ne veux pas le transférer ?* »

« *Dis Vladimir Kita, j'ai Domenech devant moi…* »

Nous avons quand même dans nos dirigeants des gens géniaux. Plutôt que de trouver d'autres voies permettant de clarifier et purifier le milieu des agents, la FIFA se dote de règles plus larges et moins contrôlables qui au lieu d'améliorer la situation, l'ont sciemment dégradée.

C'était comme si, constatant son incapacité à réguler le trafic et la consommation de haschich, l'État décidait de manière unilatérale de légaliser ces pratiques puisqu'il ne pouvait en définitive rien contrôler du tout.

« *Évidemment en soi c'est terriblement tentant. En cassant tous les thermomètres, on élimine toute fièvre.*

Damned ! Génial non ?

Une idée pour Veran et Castex ça. Ubu reviens, ils sont devenus fous. Uber, entends-tu ? »

On devine les infinies possibilités.

« *Impossible de réguler le trafic et les accidents sur l'autoroute ? Rendons celle-ci à la libre circulation !*

Impossible de réguler le trafic du travail au noir ? Rendons celui légal et il disparaitra !

Impossible de réguler le trafic des fakes news sur les réseaux sociaux ? Rendons toute information vraie et véritable !

Impossible de réguler le trafic des œuvres d'art ? Déclarons toutes les œuvres dignes de Picasso, Rodin et consorts ! »

Mazette, nos amis dirigeants de la FIFA ont inventé une usine à bonheur absolu dans lequel le Bhoutan va bientôt paraitre comme l'Albanie au temps d'Enver Hodja.

Cette apologie de la liberté est peut-être le remède à toutes nos difficultés, à toutes nos maladies, à nos fièvres, à nos excès, à nos inconsistances.

Libérons-nous, camarades.

Libérons-nous travailleurs. Libérons-nous vendeurs et sauveurs de tous poils.

Libérons-nous de ces entraves et chaines à contrôler, fliquer, soupçonner.

Libérons-nous de ces frontières physiques et mentales qui nous enferment, qui nous obligent, qui nous poussent à frauder, lutter contre les lois.

« *Alléluia, rendons tout légal et véritable. Remplaçons l'ONU par la FIFA, le Président de la République par le Président de la ligue. Jouez, jouez, vous aurez l'assurance de gagner mes amis.* »

Jamais le poids des intermédiaires n'a été en Afrique aussi important. Une mine d'or ! Partout sur le continent pullule de ceux qui ont bien compris le nouveau monde dans lequel nous vivons.

« *Y a pas de mal à se faire du bien non* ? »

On a rétabli grâce à cela une certaine forme d'esclavage.

Consenti, terriblement consenti.

On se vend.

On se fait acheter.

On s'extasie.

On crie au génie de Yaoundé à Bamako, de Paris à Monaco.

« Ben oui quoi, toute le monde en profite. C'est quoi le problème ? »

À lire France Football, on dirait la bible pour les Nuls. Le petit livre rouge peut bien aller se faire rhabiller. Précis de modernité économique, les tribunes de FF ne sont pas vides, mon cher Vincent Hubé. Elles ont pleines de sens même si elles sont, selon moi, contestables.

La pièce en définitive est lancée et nul ne sait comment elle va retomber. Peut-être jamais d'ailleurs.

Dieu, rappelez-vous, est un trader !

Puisque nous sommes nés Hommes, c'est-à-dire intelligents, il nous reste le loisir de penser le monde autrement ou pas.

Soit de continuer et d'amplifier cette déconstruction pour retourner à nos états originels, celle de la liberté totale, de la soumission au plus puissant, de lois et de règles parasites, de morales désuètes.

« *Accrochez vos ceintures mes amis* ! »

Soit, parce qu'il est encore temps, « mais il faut nous dépêcher » comme dirait ce bon Edgar Morin, de réguler davantage le monde dans lequel nous vivons, pour empêcher l'homme d'être un loup pour l'homme. C'est vrai évidemment pour ce monde du football que nous aimons et détestons tant, allégorie de notre rapport au temps, à notre condition, à notre existence même.

Chapitre 7

Reviens Mao, ils sont devenus fous

C'est une tentative de coup d'État permanent.

Récurrent.

Comme le monstre du Loch Ness ou le reportage marronnier des journaux TV, la perspective de création d'une super League fermée revient fréquemment dans le débat public et surtout dans les intentions des plus grands clubs européens.

Chacun aura traduit, les plus riches clubs européens. Plus ou moins aidés, guidés par des sociétés aux nobles intentions.

Alors que le format des championnats nationaux n'a que peu évolué en règle générale *(sauf chez nos amis belges où il faut bac plus 5 pour comprendre comment ça marche*), l'organisation des coupes d'Europe a déjà connu de notables modifications avec la disparition lente et quasi programmée des C1, C2 et C3 pour faire place à d'autres compétitions aux matchs plus nombreux, à l'exposition plus forte et aux rentrées financières substantielles.

La création de la Ligue des Champions a été évidemment un acte majeur de ces transformations permettant à des clubs n'étant pas champions dans leur pays de jouer et même de gagner la compétition majeure européenne.

« *C'est comme si l'on permettait aux perdants des primaires des Présidentielles, via leur parti politique, de pouvoir quand même se déclarer candidat. Un peu mesquin non* ? »

La naissance de cette coupe d'Europe a tout balayé, feu la C1, la coupe aux grandes oreilles, pour faire face à une Ligue des Champions, vorace de matches et d'une compétition qui concurrence les grandes épreuves sportives mondiales au regard des gains financiers, des audiences et de l'appétit des supporters pour cette compétition.

On en est même à se demander qui de la coupe du monde ou de la champions League est le spectacle sportif le plus abouti, considérant évidemment le poids inégalé de la coupe du monde en terme géopolitique et médiatique. Mais quand même…

En 1999 le groupe italien Média Partner tente la création d'un championnat de 36 clubs européens, choisis, qui se répartiraient l'ensemble des droits TV générés par la compétition, un milliard d'euros à l'époque.

« *Eh oui mes amis, là où il y a de l'argent à se faire, les margoulins ne sont jamais loin. Mettez une société spécialisée dans la gestion des droits TV à la porte, elle rentrera par la fenêtre…* »

Le football est irrémédiablement devenu une machine à cash, celle dans laquelle il y a des OPA à tenter, des révolutions, silencieuses ou non, à fomenter, des dictatures plus ou moins éclairées à organiser, pour « le grand bien » des salariés footballeurs et des clients spectateurs et téléspectateurs.

Le plus grand spectacle européen de sport ne pouvait échapper aux tentations de mieux organiser et surtout de mieux gérer, au sens propre, cet événement quitte à prendre le risque de le fragiliser ainsi que les championnats locaux.

Après l'échec de sa première tentative de création d'une Super ligue européenne de football, en 1998, Media Partners sur de son coup et de son bon droit était donc revenu à la charge. En saisissant la Direction générale de la concurrence de la Commission européenne, pour légaliser la création d'une Superligue, en dehors des canons footballistiques de l'UEFA.

« *Le droit mes amis, rien que le droit, tout le droit ! Quand les juristes débarquent près d'un terrain de foot, fuyez mes amis ! Tout ce qui n'est pas droit va forcément de travers. Ah mais que cette nostalgie des temps anciens cesse.* »

En d'autres termes Media Partners tente de relancer son projet de Super ligue, en s'appuyant cette fois sur le jugement d'une institution politique.

« Bien vu les artistes ! »

La société italienne modélise son rêve : une invitation alambiquée, faite aux grands clubs du continent, dans laquelle les performances des dix dernières années sont prises en compte. Dix-huit clubs étaient ainsi assurés de participer à cette compétition pendant au moins trois ans, sans la glorieuse incertitude du sport. Dix-huit autres – champions nationaux – seraient sélectionnés chaque année.

Cela me fait penser au casino et à ceux et celles qui comptent les cartes, même menacés du pire par les vrais propriétaires des murs. Certes c'est prendre un risque pour nos apprentis sorciers, férus de mathématiques, mais c'est aussi la perspective de gagner. Et beaucoup.

Le but des promoteurs ? Multiplier les matches, multiplier les affiches et donc augmenter les revenus pour tout le monde, les clubs et l'organisateur évidemment.

« *Bah oui quoi, faut pas pousser non plus la philanthropie trop loin hein ? Depuis quand Dieu est-il avare d'argent ? C'est Lui qui a tout créé, dois-je constamment le rappeler* ?! »

De fait l'UEFA avait préventivement agi en réformant le format des coupes d'Europe par l'extension de la Ligue des champions de 24 à 32 équipes et de la fusion de la Coupe des coupes et de la Coupe de l'UEFA. Sans compter, merci à la concurrence, l'augmentation de la part des droits de TV et de marketing versée aux clubs.

Le scénario qui se dessine est toujours le même pour les clubs.

La création d'une super League fermée est agitée.

Puis repoussée.

Et se termine par une négociation en faveur des clubs soit par un changement de format de la champions League et une nouvelle répartition des richesses produites.

« Bref, à chaque coup de mistral, c'est gagnant-gagnant ! »

C'est un peu la théorie de la cocotte-minute ce jeu-là. A chaque coup de pression l'organisation de la champions League évolue et tend de plus en plus vers ce système érigé en modèle ; celui d'une League de l'entre soi qui assurerait ces revenus mirifiques pour que chacun puisse espérer gagner.

À tel point que la perspective d'une League totalement fermée n'est plus une option mais deviendra à terme une réalité.

Une seule chose change. De manière évidente, se rapproche le jour où la sédition des clubs mus par leur intérêt propre dépassera les simples intentions.

Et ce jour sera un jour noir pour les amateurs de sport et de football en particulier.

L'UEFA avait déjà fragilisé le mythe et instruit en son sein les germes de la rébellion. Dès la saison 1997-98, elle avait proposé que la Champions League s'ouvre non plus seulement aux champions des compétitions nationales mais aussi à ceux bien placés en fonction d'indices de performance fixés par l'UEFA.

Ainsi donc pouvait gagner la plus importante des compétitions de clubs de football, une équipe qui n'aurait pas pu être championne dans son pays.

En 2003, la finale se joue entre Milan AC et la Juventus, en 2014 entre deux clubs de… la même ville, le Real de Madrid et l'Athletico. Bref tous les scénarios sont permis. En 2019, c'était Liverpool Tottenham ! J'entends déjà nos amis du PSG et de Lyon nous dire que tout cela est formidable et nous permettra dans peu de temps une affiche française comme finale de la Champions League.

« *Dis Manu c'est vrai ça ? L'OM contre Trincan, c'est possible ? Formidable non* ? »

Tu le mets dans ton programme électoral pour 2022 ? Histoire d'assurer ta longue marche. Et notre long calvaire ! »

Alors évidemment les recettes explosèrent depuis 1997, triplant, puis quintuplant, passant de 200 millions d'euros à plus de 1,2 milliard, conséquence d'une épreuve jouant avec de nouvelles règles, un souffle nouveau aspirant de manière irrémédiable les championnats et infligeant une concurrence écrasante aux autres coupes d'Europe, pis-aller pour l'éternité.

Et plus, si affinités !

Qui aujourd'hui regarde les autres coupes d'Europe le jeudi soir sinon pour éviter le téléfilm de TF1, les reportages tartufesques de BFM, les concours pâtissiers, boulangers de M6, tout en craignant le retour de Derrick comme comble de la concurrence ?

« *Eh oui mes amis, le football c'est aussi une contre-culture. Qu'on se le dise*. »

C'est ce séisme daté qui encore aujourd'hui provoque les mêmes tentations que celles du G14. Le G14 ? C'est comme le G7, en mieux.

« Pardon, en pire ! Le G7 en double, ça fait peur non ? »

Dissous en 2008, il est remplacé par d'autres clubs plus ou moins formels, aux mêmes intentions et aux mêmes appétits.

Celle d'une League fermée. À double tour hein ! Mais ouverte aux plus grands clubs qui pourraient jouer de façon endogamique au foot. Avec un championnat et des play-offs comme la NBA d'aujourd'hui et son système de franchises. Ni montée, ni descente. C'est moins risqué non ? Surtout pour les moins riches et les supposés moins forts !

Imaginez le pire.

Vous montez dans ce qui est supposé être un ascenseur, avec montée et descente.

Et puis non.

Interdit de monter.

Interdit de descendre.

C'est le plat pays, celui dans lequel on a tué la verticalité.

Tout devient horizontal.

« Génial non ? Il fallait l'inventer. Dieu bénisse l'Amérique mes amis. »

Le nouveau hold-up a pourtant une nouvelle fois mal tourné. Optimiste tactique, pessimisme stratégique disait Feu Pierre Mendés France, ailier gauche de l'équipe de France.

En annonçant, comme un coup de tonnerre, leur future sécession, douze « grands clubs » européens se sont mis une balle dans le pied. La balle était à peine partie qu'elle avait déjà fait des victimes. Ah il y a quand même une justice dans ce bas monde.

« Compliqué pour des producteurs de football non ? Pensées émues à nos Présidents. »

Le moment choisi parut pourtant idéal[1], un dimanche soir d'un printemps commençant, une heure tardive, nos grands conspirateurs avaient choisi minutieusement lcur moment pour faire décoller la fusée « super League », cercle privé dans lequel la cooptation n'a d'égal que l'amour du pognon.

Tous les journaux titrèrent sur le pupustch, ce quarteron de leaders footballistiques, italiens, espagnols et britanniques mus par l'appétit du gain et la conquête de leur autonomie.

Ainsi donc la Ligue des champions mais aussi la viabilité des championnats nationaux étaient-elles une nouvelle fois remises en cause par 15 membres fondateurs permanents : Liverpool, Manchester United, Manchester City, Chelsea, Tottenham, Arsenal, Real Madrid, Barcelone, Athlético de Madrid, Juventus de Turin, AC Milan et Inter Milan.

Jamais l'expression « Fermez le ban » n'avait été aussi heureuse.

Seuls deux autres impétrants invités à la fête permanente, avec carton d'invitation, avaient poliment décliné, le Paris Saint-Germain et le Bayern de Munich, un peu comme un joueur de poker attendant de savoir comment le jeu allait tourner.

Ou alors, il y a une autre explication, les deux Présidents avaient un sens politique et du timing plus élevés que la moyenne des grands Présidents de clubs. Mouais… Ça se discute tout cela.

Ce loyalisme mesuré assurait ainsi pour ces deux clubs le temps nécessaire pour évaluer comment la blitzkrieg allait tourner. Alors que 5 autres équipes seraient, chaque saison que Dieu fait, invitées généreusement à participer aux festivités, découpage du gâteau compris.

---

[1] L'Équipe, le projet de super ligue fermée suscite l'émoi, 18 avril 2021

Bon évidemment personne ne sait à quelles conditions ces équipes seraient choisies, qui et comment, puisque le propre d'une démocratie éclairée est évidemment de se contenter soi-même avant tout.

Tout indiquait que les réflexions de nos amis prirent du temps, des années, pour concevoir leur plan d'action, de communication et de financement autour d'une grande banque d'affaires connue pour son philanthropisme démesuré : la banque JP Morgan qui aurait mis au pot plus de 3 milliards d'euros pour lancer le projet.

« *Eh oui Franck Mac Court, c'est ça les vrais milliardaires. Ils ont vraiment de l'argent eux.* »

De quoi rassurer nos clubs à « l'agonie financière avancée », pris en étau entre des revenus chutant faute de public et leur difficulté à assurer salaires et transferts. Ces nouveaux pauvres avaient bien des raisons de se plaindre.

Le pâtissier aurait ainsi tout prévu, le gâteau serait non seulement beau comme un camion mais aussi consistant et généreux en crème fouettée.

De quoi attirer les chalands, les télés, les téléspectateurs.

Casino royal !

Ainsi donc pour la première fois tout semblait sur les rails, les muscles sortis et saillants, les clubs ne se servaient plus d'une potentielle création comme une menace de mort sur l'UEFA mais *« iraient jusqu'au bout »*.

Il est vrai que dans l'histoire récente du football, la création de cette super League était un véritable serpent de mer[1]. Pression assurée pour que les grands clubs gardent le pouvoir et aménagent à volonté la ligue des champions.

Plus de matchs, plus d'équipes, plus d'argent à se distribuer quitte à ce que la ligue des champions dans ses

---

[1] La prospérité du vice, Daniel Cohen, « Vers la création d'une Super Ligue Européenne de football », p.221

premiers tours perd de son odeur, de sa saveur et de ses couleurs.

« *Mais bon, devant des gros billets, il y a des plaisirs limités qui restent tout à fait gouteux non* ? »

Deux jours avant l'annonce, comme dans un vrai complot, Andrea Agnelli jurait ses grands dieux, turinois, que toutes les rumeurs étaient fausses et que son honneur était brisé pour l'éternité.

Lundi, il était démissionnaire de l'ECA et ne répondait plus aux appels du Président de l'UEFA, Alexander Ceferin. Comme on le dit souvent l'art du mensonge devrait être reconnu et des palmes d'or distribuées.

« *Chapeau l'artiste. Respect. Un vrai Agnelli.* »

Son acolyte Fiorentino Perez inénarrable Président du Real de Madrid pouvait également déclarer aux médias que leur solution était avant tout celle d'une tentative, la dernière, « pour sauver le football ».

« *Mazette, même Mélenchon a du mal à être autant démagogue. Quel talent.* »

Il faisait, de fait, furieusement penser aux grands patrons de l'industrie qui proposent au groupe, aux salariés de renoncer à leur travail pour sauver l'essentiel, la survie de l'entreprise et la rentabilité des actionnaires.

Même Emmanuel Macron, notre « cher président », reconnut dans ses propos la fameuse théorie du ruissèlement.

« *Que l'eau coule mes chers amis ! Que l'eau coule ! Pardon, que l'argent coule !* »

Il parait même qu'un remaniement ministériel fut envisagé avant que Castex ne s'aperçoive que nos deux amis étaient étrangers. Compliqués pour eux d'entrer au gouvernement français sans être déchus de leur nationalité. Ils furent donc déchus de ne pas en être.

« *Autant dire que la réaction fut un brin brutale. Nos amis avaient réussi à faire l'unanimité. Quel talent. Contre eux !* »

La presse se déchaina. À raison, les supporters des clubs notamment britanniques contestèrent, manifestèrent et déferlèrent dans les rues et vers leurs stades mus par une indicible colère de voir leurs clubs partirent pour d'autres cieux. Car tout le monde avait bien compris la véritable conséquence du coup de force, la fragilisation de l'essence même du jeu et des compétitions nationales au regard d'un calendrier sécessionniste à souhait.

Si les intérêts financiers devenaient de manière ultime le seul but des Grands Clubs, les championnats nationaux étaient clairement menacés. Ils deviendraient mécaniquement des compétitions de seconde zone, dans lequel le supporter aurait de la peine à s'y retrouver.

L'UEFA pour une fois pas en reste, promis le pire, le canon et le feu à nos apôtres leur « interdisant de participation à toutes les échelles, nationale, européenne ou mondial » [1] et menaçant les joueurs des équipes concernés de sanctions en leur refusant l'accès aux sélections nationales.

Le coup d'État se transforma rapidement en Puputsch.

« *D'Austerlitz nous passions à Waterloo, morne plaine*. »

Le grisbi n'était pas suffisant. Le souffle de la tempête et la déflagration furent manifestes pour tous les Présidents de clubs concernés, notamment en perfide Albion.

---

[1] « 5 questions sur la controverse autour de la "Super Ligue", "club VIP" des puissances du foot », L'Obs avec AFP, publié le 19 avril 2021, https://www.nouvelobs.com/sport/20210419.OBS42986/cinq-questions-pour-comprendre-la-controverse-autour-de-la-super-league-de-football.html

Supporters, anciens joueurs, commentateurs, journalistes, personnel politique firent entendre leur voix comme une communion sainte au temps ténébreux de la guerre. Il ne manquait dans ce concert de non-louanges que Dieu. Mais je suppose qu'il regardait tout cela avec intérêt et malice.

« *Chapeau l'artiste* ! »

Ce feu était en définitive à la hauteur de la menace et des intérêts en jeu, pour le risque de fragiliser tout l'édifice du football européen avec ces centaines de clubs professionnels et des milliers de clubs amateurs.

C'était le grand schisme une nouvelle fois et dans lequel le pape ne pouvait rien malgré ses bonnes relations avec Dieu.

« *Eh oui mes amis, si Dieu est un trader, il coupe quelquefois la ligne téléphonique lorsque les ennuis sont trop importants ! Faut pas pousser quand même.* »

Nous voyons bien ce qu'il s'est joué, la volonté de prendre le pouvoir, asseoir des revenus plus conséquents, construire une sorte d'indépendance alors même que les droits TV deviennent dans le budget des clubs un incontournable.

Il ne s'agit pas seulement de se vendre mais de se vendre aux plus offrants.

C'est cette offense qu'ont ressentie les supporters, ce mépris de l'histoire, des valeurs, refusant de subir une révolution libérale conduisant à autre chose que le football d'aujourd'hui.

Un spectacle dans lequel le football n'est qu'un prétexte.

Les droits TV qui nous l'avons vu ont explosé quasi partout et notamment dans les grands championnats européens sont certes des moyens nouveaux indispensables aux clubs, pour mieux rémunérer et acheter les joueurs. Mais ils ont, en même temps, rendu les clubs totalement dépendants des sommes obtenues, pratiquant par besoin la voracité et s'enfermant dans un modèle économique sans issue.

Cette histoire n'est pas finie. Elle n'est pas linéaire et subit les assauts des apprentis sorciers.

Qui dans cette affaire est sûr de la fin ?

Qui est sûr que l'UEFA sera demain aussi ferme qu'hier ?

Que les sécessionnistes ne remettront pas le couvert quand les temps seront plus murs ?

Que les supporters réagiront de la même manière, avec la même ardeur ?

Si l'argent est indispensable dans nos sociétés et que personne ne veut d'un monde corseté, le football, le sport, la culture, nos sociétés dans leur ensemble ont besoin de règles et de lois qui fixent la limite : celles de l'intérêt général. Osons même un mot galvaudé, du peuple.

Chapitre 8

Un football à la dérive

« La politique, ce n'est pas de résoudre les problèmes, mais de faire taire ceux qui les posent. »

La citation d'Henri Queuille me parait plus qu'adaptée à notre sujet tant les commentaires négatifs se multiplièrent après ma tribune parue dans Le Monde. Pour le coup, j'avais presque l'unanimité… contre moi.

Objet sacré, le football est un sujet trop important pour être laissé aux mains de n'importe qui et en particulier d'un responsable politique, fût-il un amateur de football.

Supporters de tous poils, rédacteurs en chef de tous horizons, amis plus ou moins supposés, politiques connus et inconnus et surtout journalistes avec ou sans talents, Pascal Praud de News en tête, firent part de leur intérêt et surtout de leur consternation. Ce dernier chercha à me joindre et obtient via un *« sénateur à la pochette »* mon numéro de portable pour m'inviter à débattre sur le plateau.

C'était la boucherie garantie. Le diner de con avec un excellent invité. On me mettait à la place du grand Jacques. Le seul. L'unique. Villeret.

Tout concourrait pour que, par vanité, j'acceptai. Je refusai.

Mais tous mes détracteurs me donnèrent l'envie d'aller plus loin, de creuser ce texte pour bousculer ce joli monde, pour remplir cette « tribune vide » selon le rédacteur en chef de France Football, dont le nom m'échappe brusquement.

J'avais de fait commis un crime de lèse-majesté.

« *On ne s'attaque pas à un monument mes amis, on ne s'attaque pas au football en trempant sa plume dans l'acide de la vérité. Si vous voulez le faire, soyez mielleux, soyez tiédeux, soyez enrobeux.* »

Objet de tous les désirs, de tous les fantasmes, de toutes les imprudences, de tous les amours, le football a été inventé par Dieu, assurément. Bon évidemment, écossais, irlandais, gallois le contesteront à souhait, protestant un jour, protestant toujours.

Bref, un jour Dieu fit le football.

Et fila le ballon aux hommes.

Sacré talent quand même notre Ami.

Juste pour voir comment cela allait tourner.

Dans ce grand chemin de la création, une petite, une minuscule et microscopique étape vers moi pour me donner l'occasion de proférer quelques vérités singulières.

Sur l'état de notre monde, notre rapport au pouvoir, à l'argent, avec un gros zeste de football.

Si Dieu a créé le football pour nous divertir, il a réussi son chemin de croix. Certains diront qu'il ne s'est pas sacrifié pour rien mais bon, faut pas pousser non plus. Dieu n'est pas responsable de tout non ?

« *C'est comme si on disait qu'il avait sciemment créé Bolloré et Pascal Praud. Vous voyez le sous-entendu. Pas très sympa tout ça…* »

La transformation de notre monde et sa modernité ont changé, nous l'avons vu, le football. Pris dans la spirale de la passion des supporters, des hommes et des femmes, il est devenu l'objet et le sujet de tous les pouvoirs, de tous les possibles, de toutes les aventures, de toutes les ambitions dans lesquelles l'argent est bien souvent au cœur.

Sans l'OM, Bernard Tapie aurait-il été choisi par François Mitterrand comme ministre de la Ville ?

« *Tapie, ministre de la Ville ? Non sans blague !? Et pourquoi pas Berlusconi, Président du Conseil italien* !? »

Ce football à la dérive est de notre temps. Il est de notre monde sur tous les horizons, mus par des fils invisibles qui nous dominent et font de nous des marionnettes ou des pantins.

Prière de se taire.

Puisque notre bon docteur Queuille est mort, je propose de ne plus se taire et d'ouvrir largement le débat.

Chacun aura bien compris le postulat. Si l'argent a « corrompu » le football, si l'argent a volé le football à lui-même, quelles nouvelles règles du Jeu allons-nous susurrer à l'oreille de Dieu ?

« *Mazette, rien que ça !* »

Les puristes, les donneurs de leçons, les spécialistes es football, nous diront que les règles sont, depuis la création du Jeu, évolutives et se sont adaptées à nos modernités. L'Histoire leur donne bien raison. Même si aujourd'hui tout indique qu'il faut reprendre la main.

Et puisque notre Ami est singulièrement absent depuis un petit moment, et puisque l'UEFA et la FIFA ressemblent souvent plus à une maison de retraite qu'à autre chose, osons émettre quelques nouvelles règles du Jeu.

Sans pouvoir prédire l'avenir, le football n'est pas éternel, la patience des supporters non plus.

Affadi par la prolifération de matchs, affaibli par l'internationalisation du sport, amenuisé par sa dépendance aux médias et aux droits TV en particulier, le football conçu comme une culture sportive est en danger.

Il est temps de réagir, de limiter les abus et les pratiques qui pervertissent plus qu'elles organisent.

Maintenant.

1. Plafonner la masse salariale des clubs

Jean Marc Mickeler, Président de la DNCG, (Direction Nationale de Contrôle de Gestion créé en 1984) évoquait dans une interview au journal L'Équipe en juillet 2021, « le pire est à venir », évoquant la situation financière dramatique, c'est un exemple parmi d'autres, des clubs français.

Cette nouvelle mise en garde a-t-elle été salutaire ?

Les chiffres annoncés par J.M Mickeler sont pourtant abyssaux. « Pertes de 700 millions de recettes en 2 ans, 400 millions de droits TV et 300 millions de transferts non réalisés, sans compter un abandon de créances estimé à 250 millions d'euros par les actionnaires.[1] »

C'est vrai que dans le contexte actuel, il ne fait pas bon d'être actionnaire et de posséder des fonds de pension. Risques maximaux garantis !

Avant transferts, le patron de la DNCG évoque des chiffres faramineux, une perte d'exploitation de 1,4 milliard d'euros en 2020-21 et 1,2 milliard l'année précédente.

C'est mort à crédit cette histoire !

Et la situation du foot européen est de la même veine puisque le modèle économique est par nature déséquilibré. Pour celui ou celle qui veut gagner de l'argent sur le long terme avec un club de football, cela ressemble à une gageure. N'est pas Gérard Lopez qui veut…

---

[1] « Foot : reprise et inquiétudes sur la ligue 1 », Christophe Palierse, Les Échos, 5 août 2021

« Ah quel magicien celui-là. Même si je parie que le Bordeaux va mal tourner avec lui. Bouchonnage garanti ! »

Dans le même temps les dettes de nos amis Présidents se sont envolées. De 500 millions à la fin de la saison 2018-19, celles-ci dépassent le milliard d'euros en 2021. Pour le coup, ils l'ont obtenu leur milliard d'euros nos chers amis Présidents ! Bravissimo !

La conclusion de J.M Mickeler ? *« Les clubs doivent réduire leur masse salariale[1] ».*

« Et le PSG qui veut recruter Messi, il fait comment ? »

Si même la DNCG évoque la tentation de réduire et plafonner la masse salariale des clubs français, c'est que l'inquiétude monte les amis.

Non ?

Ce qui est le plus savoureux et le plus cocasse dans cette histoire, c'est que Messi est arrivé au PSG grâce au fair-play financier… espagnol. Criblé de dettes à l'issue de la saison 2019-20, plus de 1,17 milliard d'euros (pas de pesetas), le Barça s'est vu imposer un plafond salarial de 160 millions d'euros par an par la ligue professionnelle espagnole, régime drastique puisque cette masse salariale était de 347 millions d'euros la saison passée et représentait alors 110 % de recettes du club. Exit donc le p'tit lutin et billet simple pour le Qatar SG.

Comment dans ces conditions le club qatari a bien pu s'offrir notre p'tit génie argentin ? Sans dépasser et exploser le fair-play financier ?

Même sans indemnités de transferts, il a fallu quand même à notre bon émir verser une prime substantielle de 40 millions d'euros à la signature et s'accorder sur un salaire, une nouvelle fois mirobolant.

Le PSG a profité de la crise sanitaire et de l'état de santé tout à fait médiocre de nombre clubs européens

[1] « Le pire est à venir ? », Etienne Moati, L'Équipe, 14 juillet 2021

considérablement fragilisés par le manque de recettes lié à la Covid-19 et évidemment de la solidité financière de son propriétaire.

Le fair-play financier mis entre parenthèses, pour un temps et en attendant d'être réformé, laisse ainsi « libre initiative » aux clubs le pouvant d'investir dans les transferts pour faire tourner la boutique.

On rappellera que Manchester City, qui avait été exclu des deux compétitions européennes par l'UEFA, pour manquements (surévaluation de contrat de sponsoring pour doper ses recettes) a vu sa peine cassée par le Tribunal arbitral du sport (TAS)[1] le 13 juillet 2020. C'était déjà un coup dur pour le fair-play financier alors que le Tribunal arbitral du sport conclut « que la plupart des violations présumées signalées par la chambre d'arbitrage de l'ICFC n'étaient pas établies ou étaient prescrites »[2].

Sans tout à fait faire tomber le fair-play financier, le TAS, par cette décision portait déjà un premier coup à celui-ci.

Faut-il, dans ce cas-là, gentiment laisser faire et, comme notre apôtre du libéralisme, *Emmanuel Macron,* l'évoquait souvent, on trouvera bien un nouveau milliardaire pour se substituer à ceux dont les poches se sont vidées ?

« *Ruissèlement un jour, ruissèlement toujours. Dites donc amis jésuites, vous leur apprenez quoi à vos élèves de la Providence* ? »

Sujet éminemment sensible, l'essentiel des dépenses des clubs de football professionnel est consacré au marché

---

[1] Le Tribunal arbitral du sport est une institution internationale proposant un arbitrage ou une médiation dans le monde du sport. Domicilié à Lausanne en Suisse, il dépend du Conseil International de l'Arbitrage en matière de sport.

[2] « L'appel payant de Manchester City a-t-il sonné le glas du Fair-Play Financier ? », Andréa La perna, Franceinfo : sports, 13 juillet 2020

des joueurs à travers les indemnités de transferts et évidemment les salaires.

Sur une base 100, pour le Championnat de France de football, la répartition des charges est de plus de 55 % pour les seules rémunérations, confirmant le poids de celles-ci dans les budgets des clubs.

Comme nous l'avons énoncé, la hausse des revenus des clubs ne les a pas rendus plus riches mais leur a permis, ou les a obligés, à financer de plus en plus des salaires supérieurs et des transferts quasi stratosphériques pour s'acheter le joueur voulu.

Ne pas investir, ne pas dépenser, c'est renoncer. C'est considérer que la formation des joueurs suffira pour compenser le manque de recrutement extérieur. Cela reste possible comme le montre le cas atypique du club basque de Bilbao, mais loin d'être la stratégie dominante.

Cibles faciles pour les uns, les joueurs sont régulièrement critiqués pour leur niveau de rémunération à l'instar de ceux et celles qui semblent gagner plus que de raison, alors que la pauvreté et le chômage augmentent dans tous les pays développés.

Il faut lire les commentaires extatiques de la presse sportive, pas toujours si responsable que cela, louant ce niveau de rémunération permettant à des clubs huppés d'attirer des bons joueurs, des très bons joueurs et ponctuellement des stars, réservées depuis une dizaine d'années au PSG et à un moindre degré à l'AS Monaco et à l'Olympique Lyonnais.

Les clubs doivent donc avoir les reins singulièrement solides pour acheter « libre un joueur » (avec *une prime à la signature hein !*) et le payer à la hauteur du mérite supposé. Ils doivent aussi verser une indemnité compensatoire s'il était encore engagé et, en même temps le payer grassement lorsqu'il est une star.

« *Payer pour rompre un contrat. Quand on y pense bien, ce n'est pas d'une moralité absolue non ? C'est comme si on favorisait les divorces pour pouvoir s'acheter un nouveau conjoint ! Moyen-moyen non ?* »

Les « joueurs moyens » doivent se contenter de salaires plus faibles, pour ne pas dire plus, au regard de la carrière sportive relativement courte, hormis quelques cas de longévité spectaculaire.

Ces stars, peu nombreuses, profitent à plein de ce régime d'exception qui leur est fait. Ils sont les pépites des clubs, ceux qui feront gagner, ceux qui feront vendre des maillots, attirer des sponsors et susciter la joie et les peines des supporters. Un Neymar à plus de 220 millions c'est cher mais il y a aussi les recettes engendrées par sa venue : nouveaux sponsors, ventes des maillots, matchs à l'international…

Au-delà de leurs salaires, les grandes stars gagnent énormément d'argent en étant liés à des contrats publicitaires leur permettant de gagner plus que leur rémunération en clubs ! C'est le cas de Messi (ce qui l'empêche pas d'oublier de payer ses impôts au Trésor espagnol), de Ronaldo, demain de M'Bappé…

L'Équipe publia il y a quelques mois le top des footballeurs les mieux rémunérés : Messi, 131 millions de revenus dont 87 de salaires, Cristiano Ronaldo 118 millions, Neymar 95 millions, 39 millions pour Gareth Bale, 38 millions pour Griezmann…

Elle est là l'indécence.

Ce qui ne veut pas dire que par définition tous les joueurs soient surpayés.

Combien de joueurs dans notre championnat gagnent entre 5 et 20 000 euros ?

Considérant que ces salaires sont déjà élevés pour ceux et celles qui ont une vie professionnelle normale…

Tout le monde a en tête le cas Neymar acheté à coup de pétrodollars par notre bon ami Nasser, capable de faire vendre des centaines de milliers de maillots aux supporters à l'échelle mondiale, capable de tutoyer Dieu et en même temps de se mettre à dos quasi tout le monde pour ses velléités de départ et son attitude sur le terrain tout à fait atypiques.

Mais bon, vous l'avez compris, comme d'autres aux comportements plus matures, il a cette capacité à faire gagner des matchs, pas forcément les plus importants dans son cas, et de générer des recettes certainement substantielles.

« *C'est cadeau comme dirait Bernard Tapie* ! »

Pour notre ami Florent Balmont, c'est une autre histoire. Mais bon, que l'on soit clair.

Moi s'il fallait choisir ce serait Balmont à chaque fois.

Généreux, altruiste, combatif, notre « *bouledogue en chef* » suscita pendant de longues saisons le contentement des supporters du LOSC, avec un salaire élevé par rapport à un smicard mais loin des rémunérations galactiques de nos amis parisiens.

Bref, dans le foot tout est possible, c'est la loi du marché, de l'offre et de la demande. Les joueurs en profitent, les clubs investissent et pensent à la fois gagner et rentabiliser leur mise, le supporter est potentiellement heureux jusqu'au moment de payer son abonnement et de voir quelques matchs dignes de *« Cuba sans le soleil »*.

« *Vous l'avez compris, le marché des footballeurs c'est la roulette russe hormis pour M'sieur Campos, le vrai architecte de la victoire en championnat du LOSC. Parce que Lopez hein...* !? »

Pour nos amis moyennement doués, la sanction n'est jamais bien loin. Victimes mathématiquement de la forte concurrence, la pression est à la fois sur les salaires mais aussi sur la durée du contrat puisque de plus en plus de joueurs sont au chômage.

Chaque année, l'Union Nationale des Footballeurs Professionnels, le syndicat des joueurs recense et s'occupe des joueurs libres de tout contrat et donc au chômage. Chaque année cette liste grossit et amène à des situations personnelles difficiles, même pour des joueurs confirmés comme d'anciens internationaux.

Le taux de chômage des footballeurs français tournerait ainsi autour des 20 %, loin devant le taux de chômage moyen du pays en 2021, plus de 8 % de la population active.

« *Traders ou footballeurs, métiers à risque mes amis ! Un coup à dévisser en salle de trading.* »

Être Président de Club c'est « être dans la peau de Jérôme Kerviel. »

Il faut aimer jouer, miser, prier pour composer la meilleure équipe que celle des adversaires afin de gagner.

« *Mais bon jusqu'à présent les règles de Dieu sont claires ; il n'y a qu'un gagnant par saison non* ? »

C'est ce modèle économique qui déraisonne aujourd'hui, les joueurs sont le vrai capital du club, celui qui lui permet d'être on non compétitif.

Se tromper sur les joueurs c'est la double peine.

Le décrochage au classement général, le spectre de la relégation et la décote des clubs.

« *Mais que fait l'AJ Auxerre en ligue 2 mes amis ? Dit Guy Roux, tu peux pas revenir et te trouver un Président et un vrai actionnaire. Pas Lopez s'il te plait !* »

Bon pour les amoureux des chiffres, il y a une forte corrélation entre le classement en championnat en fin de saison et la masse salariale.

La mécanique céleste absolue ? Les clubs, aux plus gros budgets, attirent les meilleurs joueurs en leur proposant les meilleurs salaires et obtiennent à priori les meilleurs résultats.

« *Mais on ne gagne pas à tous les coups Nasser…* »

Cœur de Dogues !

« *La morale est sauve* ? »

2. Avec un salary cap

Rappelons que cette mesure n'est pas nouvelle et a déjà fonctionné en Europe puisque le plafonnement des salaires a été en vigueur pendant longtemps en Angleterre de 1901à 1961[1]. Les problèmes financiers des clubs dans les années 2000 ont rallumé les débats sur le fait de réinstaurer la règle… sans effet.

Ainsi donc la création d'un salary cap avec de vraies mesures contraignantes et transparentes permettrait de juguler la tentation du risque permanent tant sur les salaires mirobolants affectés à l'équipe et aux transferts pour la composer.

Ce salary cap fonctionnerait donc comme une limitation à dépenser comme il existe une limitation de vitesse.

« *Pas plus de 130 km/heure mes amis. Pas plus de 130 millions de dépenses mes amis. Bon, vous avez compris le principe : frustrations garanties !*

Sinon ? Retrait du permis. Du permis de dépenser. Retrait du permis de dépenser l'argent qu'on a ou qu'on n'a pas. Si on veut être juste un poil précis. »

J'adore cette règle.

Elle incite à dépenser au maximum ce que l'on nous autorise.

Un coup à faire entrer un émir du Qatar en profonde dépression nerveuse pour un siècle.

---

[1] « Le salaire des footballeurs, toute une histoire », Yann Dey, Helle Dialectik Football, 6 avril 2020

« J'adore j'vous dis ! »

Imaginez le dialogue suivant entre Nasser El Khekaifi et J.M Mickeler…

« Bon ben ? j'voudrais m'acheter Messi l'an prochain »

« Bah nan tu peux pas. »

« Ah bon, pourquoi ? J'ai de l'argent sur mon compte. »

« Ce n'est pas le problème Nasser. On te dit que c'est limité ! Qu'est-ce que tu comprends pas à nos règles ? Y a rien de limité au Qatar ? »

« D'habitude, tout le monde en veut de mes pétrodollars ! »

« N'insiste pas Nasser, l'argent n'a pas d'odeur mais le tien... »

Comme je regrette qu'Audiard ne soit plus de ce monde, de notre monde. Il en aurait fait des succès au cinéma.

Du coup le père Nasser a quand même acheté son Messie.

Gratuit.

Pas de transfert.

Libre comme l'air notre Léo.

Le fair-play financier a une nouvelle fois sauté pourtant. Moins que le transfert que sur la prime à la signature et le salaire de notre feu follet. Là où il court, les pétrodollars brûlent derrière lui !

7 km pendant le match, pour 40 matchs à la saison, soit environ 280 km parcourus pour 40 millions d'euros à l'année. Vous voyez où je veux en venir ? Ça fait cher du kilomètre non ? Heureusement ce Messie-là, il marque encore quelques buts. Espérons juste que ce ne soit pas contre Metz ou Troyes.

D'une certaine manière l'argent a dénaturé le jeu. Il a même volé le football à lui-même.

Ainsi donc à l'image des ligues fermées sévissant en Amérique du Nord notamment en Basket, la création d'un salary cap permettrait de limiter par un plafond la masse salariale des clubs. À ne pas dépasser pour chaque équipe.

Comment cela fonctionne-t-il au pays de l'ultra libéralisme ?

Les joueurs et propriétaires des franchises négocient le pourcentage du chiffre d'affaires de la Ligue qui revient aux joueurs. Ce montant est ensuite réparti entre les franchises pour éviter que les plus riches n'achètent toujours les meilleurs joueurs.

Évidemment dans ce système-là, il en serait fini de la pure hégémonie des meilleurs clubs européens qui concentrent par leur actionnariat, leur histoire, leur pouvoir, leur budget, la meilleure équipe possible quitte à démultiplier les contrats, les transferts, les salaires exorbitants.

Ne serait-ce que pour empêcher les autres équipes d'acheter des joueurs et de « les mettre au frigo » pendant quelque temps.

Le comble du comble ?

Cela ne fait pas forcément baisser la cote et le montant du joueur frigorifié.

Génial non ?

C'est comme si les Lakers achetaient Nicolas Batum pour éviter que les Clippers ne l'acquièrent. Ne le fassent pas ou peu jouer et l'échangent ou le vendent au plus offrant.

Dans le football européen, quelques clubs sont spécialistes de cette technique du dépenser à tout va, Manchester City en particulier.

Depuis que le club a fini de vivoter en milieu de tableau du championnat et qu'il a été racheté par Khaldoon Al Mubarak en 2008, il truste quasi tous les ans les meilleurs joueurs.

Sans pour autant arriver à l'essentiel, du moins pas encore : gagner la ligue des champions.

« *Y a une justice dans ce bas monde* ! »

Bon évidemment comme nous sommes quand même en Amérique, le système n'est pas hyper contraignant et une multitude d'exceptions permettent aux franchises d'échapper réellement au salary cap tel que l'on souhaite.

C'est le cas ainsi du « joueur désigné » qui autorise les franchises de la Major League Soccer à recruter « hors salary cap ou de pouvoir le dépasser quitte à payer une amende ».

Le passage à un vrai salary cap supposerait de redéfinir les règles et d'harmoniser celles-ci au niveau national et européen. Pour jouer avec les mêmes règles du jeu.

Puisque le marché du footballeur est complètement internationalisé depuis l'arrêt Bosman, il est inenvisageable de penser et imposer une telle mesure sans concertation à l'échelle européenne.

On peut réfléchir à toutes les théories qu'on veut sur la manière d'organiser un *salary cap*, mais la question n'est pas là, expose Loïc Ravenel. Si la Ligue 1 est la seule à le mettre en place, il est clair que les joueurs qui le peuvent vont aller dans des clubs à l'étranger où on leur proposera plus. Et ils ne seront pas à blâmer pour autant.

Nous sommes une économie globalisée, on a des concurrents européens, donc cela ne peut pas être fait uniquement par la France, soulignait l'ancien directeur général de la LFP, Didier Quillot, en mai 2020. Le salary cap, pourquoi pas, mais à condition que cela soit dans tous les pays européens en même temps, que la France ne perde pas en compétitivité économique.[1]

[1] « Le salary cap ou comment résoudre le dilemme des salaires des clubs français », Clément Martel, Le Monde, 3 mars 2021

À l'heure à laquelle nos amis anglais ont pris leur distance avec l'Union européenne, le vent de la réforme ressemble plus au vent du Nord, froid et glacial, qu'au Sirocco !

La crise du COVID-19 et celle des droits TV en France ont largement rebattu les cartes depuis.

Quelques clubs avaient déjà dans le passé, de leur propre chef, limité les salaires de leur effectif craignant de « ne pas passer l'hiver » et voyant se rapprocher à grands pas le spectre de la faillite. Saint-Étienne limitait les revenus à 90 000 euros mais avait fini par céder devant la concurrence des autres clubs… En temps de crise tous les clubs sont vulnérables et les plus fragiles en premier lieu, ceux qui se battent pour monter et qui n'y arrivent pas, ceux qui se battent pour ne pas descendre sans pouvoir contraindre le sort, ceux qui espèrent jouer dans la cour des grands et qui restent à fouler les stades nationaux…

« *Mazette c'est vraiment la crise de nerfs le foot* ! »

Ce salary cap pourrait revêtir des formes très différentes selon l'intérêt : limiter strictement la masse salariale des clubs et/ou réguler les salaires. Même s'il est toujours savoureux de voir dans le salaire versé à nos stars une vraie revanche sociale sur leur vie d'avant.

Bref si on limite les salaires à une certaine somme pour revenir à une certaine raison, 50 000 euros maximum par exemple, cela permettra de réduire les profondes inégalités entre joueurs.

En revanche si on veut réguler la masse salariale des budgets des clubs, « il faudrait tendre vers une sorte de fair-play financier plus qu'amélioré, selon Luc Arrondel.[1] » Dans tous les cas différent de celui qui existe puisque ce dernier a été assoupli !

---

[1] « Le salary cap ou comment résoudre le dilemme des salaires des clubs français », Clément Martel, Le Monde, 3 mars 2021

Enfin une dernière alternative plus sophistiquée pour les apôtres du beau jeu et de la maximalisation des chances de gagner pour tous : définir un montant plafond absolu de la masse salariale combinée à une décision collective des salaires maximaux et minimaux.

Ces solutions américaines de « *jeu en ligue fermée* » semblent difficilement transposables en l'état.

En revanche le travail réalisé par la Ligue nationale de Rugby qui a décidé de plafonner la masse salariale des clubs dès 2010 [1]pour éviter l'inflation des salaires et un total déséquilibre du championnat est plutôt prometteur.

L'idée, plutôt simple sur le papier, consisterait à ce que les masses salariales des clubs ne dépassent pas plus de 50 pour cent des revenus du club.

Qui aujourd'hui peut considérer le Top 14 comme un petit championnat alors que la qualité du jeu, l'intérêt de la compétition et l'efficacité des clubs français à l'échelle européenne n'ont jamais été aussi évidents ?!

3. Et un nouveau Fair-Play financier

Avant la mise en place du fair-play financier, l'UEFA a initié dès la saison 2004-2005 un système de licence donnant l'accès ou non aux compétitions qu'elle organise.

Un nouveau moyen trouvé par l'UEFA afin que les clubs professionnels « garantissent » les critères de la licence d'accès à la Ligue des champions et à l'Europa League. Ce nouveau tamis avait pour but de resserrer les mailles du filet sur la crédibilité réelle des clubs et

[1] Ligue Nationale de Rugby, Salary cap : depuis la saison 2010/2011, une obligation relative au plafonnement de la masse salariale « joueurs » s'impose aux clubs. Le « salary cap » a été fixé à 10 millions d'euros. Le contrôle de cette obligation est sous la responsabilité du contrôleur « salary cap ».

d'accroitre la transparence des comptes, souvent des vœux pieux.

Signe des temps, de nombreux clubs de première division en Europe déposèrent et obtinrent le précieux sésame, 498 clubs sur 608 alors que 6 d'entre eux se virent refuser l'accès aux compétitions après avoir gagné celui-ci sur le terrain vert. C'était une première étape.

Afin d'aller un peu plus loin l'UEFA créa par la suite en 2009 un panel composé d'experts juridiques et financiers indépendants, le Contrôle financier des Clubs (CFC), confié alors à l'ancien Premier ministre belge Jean Luc Dehaenne, grand amateur de football et du club de Bruges en particulier.

Michel Platini, Président de l'UEFA pouvait généreusement déclarer « qu'une ère nouvelle s'ouvrait pour le football européen » sans que l'on soit, à l'époque, tout à fait convaincu.

Comme quoi Platoche était quand même plus convaincant avec le numéro 10 dans le dos.

« *Mais bon, je continue à dire à mon fils Nicolas, que Platoche était plus fort et plus grand que Maradona* ! »

Quelques mois plus tard, en septembre 2009, le fair-play financier était approuvé à l'unanimité par le Comité exécutif de l'UEFA et réunit 100 clubs dans l'association européenne des clubs (ECA) afin « d'atteindre le maximum de transparence (sic) et garantir l'équité des compétitions ».

Si les mots ont un sens alors cette déclaration évoquait bien toutes les difficultés qui attendaient les commissaires de l'instance.

Ils ne furent pas déçus.

Ce fair-play financier avait ainsi pour but principal d'assainir les finances des clubs européens déjà englués dans de semblables difficultés financières au début des années 2000.

Concrètement ?

Les objectifs principaux du FPF étaient clairement d'introduire plus de discipline et de rationalité dans les finances des clubs, de réduire la pression à la hausse des salaires et des indemnités de transferts, d'encourager les clubs à ne pas s'endetter et de privilégier les investissements à long terme.

Si le constat de départ était comme toujours juste, les verbes utilisés comme moyens d'actions et de concrétisation de la politique d'endiguement paraissaient cruellement faibles.

Platoche eut ces mots historiques.

C'était pour lui la fin « de la victoire à crédit »[1].

« *Mazette de mazette. Cela rappelait son but en lucarne contre les Pays-Bas le 18 novembre 1981 valant qualification au mondial espagnol. Vive Platoche, nom de Zeus* ! »

En juin 2012, le comité exécutif de l'UEFA crée « une nouvelle instance, l'ICFC, l'Instance de Contrôle financier des Clubs afin de superviser à la fois l'application des règles du système de licences de clubs et celles du FPF »[2].

Malgré la prose extatique de l'UEFA, qui a relevé plusieurs fois le déficit structurel des clubs en 2012, 2015 et 2018, le FPF n'a pas toujours bien fonctionné, doux euphémisme.

En 2013, les clubs participant aux compétitions européennes devaient respecter la règle d'équilibre financier puisque leurs dépenses ne pouvaient excéder de plus de 5 millions leurs recettes sur l'année.

Puis les règles évolueront, s'assoupliront.

---

[1] Siège de l'UEFA, 15 septembre 2009

[2] Économie du football professionnel, le football professionnel est-il soutenable dans sa forme actuelle ?, Bastien Drut, Collection repères La Découverte p.15, juin 2016

C'est comme si on demandait à un accro du sucre de stopper sa consommation du jour au lendemain. C'est passer du coca au coca light. Même le médecin s'aperçoit que la mesure est délicate à tenir et que le patient a tendance à tricher. C'est aussi cela le foot, une affaire de dépendance à l'argent. Une affaire d'habitudes.

Mauvaises en général.

Dès 2015, l'UEFA adapte son dispositif en permettant aux actionnaires de couvrir une partie des dettes, 45 millions cumulés sur 3 saisons, puis le seuil passera à 30 millions...

La dernière adaptation ? L'instauration d'un nouveau plafond de déficit maximum de 100 millions d'euros à ne pas dépasser entre les dépenses et les ventes sur le marché des transferts.

Les mesures disciplinaires ? « De la simple mise en garde *(fichtre !)* au retrait d'un titre, en passant par une amende ou l'interdiction d'inscrire de nouveaux joueurs à des compétitions de l'UEFA et l'exclusion des compétitions européennes *(quand même !)*[1]. »

Ce fut le cas déjà pour le PSG en 2014 lorsque l'UEFA lui reprocha une balance des transferts avec un déficit supérieur à 30 millions d'euros, la limite légale de l'époque. 60 millions d'amende pour le Qatar dont 20 millions ferme.

Le bon émir ne sentit pas la facture passer, perdu dans l'océan de pétrodollars qui est son triste quotidien.

Des personnes bien informées jurèrent avoir entendu l'émir s'exclamer ; *« Ah l'UEFA, quels comiques quand même ! »*

Si le FPF a pu dans un premier temps fonctionner, c'est parce que l'endettement recula de manière significative au

---

[1] Économie du football professionnel, le football professionnel est-il soutenable dans sa forme actuelle ?, Bastien Drut, Collection repères La Découverte p.16, juin 2016

début de l'application des nouvelles règles et que, dans le même temps, les revenus des plus grands clubs connurent une explosion quasi sans précédent liée aux droits TV.

De quoi limiter la portée réelle du FPF.

« *C'est une loi naturelle mes amis. Marée basse, marnage et marée haute.* »

Certes il a le mérite d'exister mais la situation financière des clubs en 2021 et leurs responsabilités quant à leur endettement militent pour de nouvelles mesures plus dures.

« *Si l'on amende les clubs en cas de dépassement du budget, les plus gros clubs paieront toujours. Qui ne l'entend ?*

C'est comme le permis de polluer. Incompréhensible ! »

Les limites du FPF sont déjà patentes puisque les règles évoquent les déficits des clubs et non leurs dettes. Passent donc sous le radar les clubs hyper endettés tel le Real de Madrid, qui par son statut et son histoire a de toute façon peu de chances d'être exclu des compétitions.

Qui voudrait d'une Ligue des Champions sans le Réal ? Que vaudrait-elle sportivement ? C'est comme si on coupait l'arbre sur lequel on était assis attendant et redoutant à la fois que le bois cède. Schizophrénique non ?

Enfin et c'est aussi là que le bât blesse, le FPF ne s'applique qu'aux clubs participant aux compétitions européennes alors que de nombreux clubs intermédiaires souffrent aussi d'un modèle économique dépassé.

Les clubs imaginatifs à souhait arrivent de toutes les manières à contourner bien des règles. En juillet 2020 les clubs de Barcelone et de la Juventus ont officialisé une opération commune « s'échangeant » Arthur (le Brésilien, pas le présentateur TV) et Pjanic. Loin d'être du troc les clubs se sont entendus sur le prix de chaque joueur, 72 millions pour le Brésilien et 60 pour le Bosniaque, soit 12 millions à remettre pour la Juve d'Agnelli.

« *Cadeau, comme dirait l'autre.* »

Au-delà de l'aspect sportif, cette opération était aussi financière permettant aux deux clubs de dégager une plus-value de 50 millions d'euros chacun, tout à fait bienvenue à l'heure d'optimiser leurs comptes avant leur clôture au 30 juin pour l'exercice 2029-20. Nos deux clubs sont donc devenus pour Pierre Rondeau, économiste du sport, « des experts de l'ingénierie comptable, en imaginant d'abord un transfert et une valorisation comptable de celui-ci afin de se conformer aux règles du fair-play financier et de pouvoir rééquilibrer leurs comptes. Ces méthodes alternatives, estime-t-il alors, ne sont ni fautives ni illégales[1]… »

On attend encore la vraie réponse de l'UEFA.

Le Président de l'instance européenne semble ouvert aujourd'hui, crise du Covid oblige, au changement de méthode et d'échelle souhaitant moderniser et améliorer le fairplay financier.

« *Chiche Aleksander* ? »

Sont annoncées une réforme du FPF pour le rendre plus juste et protéger ceux qui financent les clubs grâce à leur passion pour le football, la création d'une Luxury tax[2], amende pour les clubs dépassant la limite de dépenses autorisées et redistribuée ensuite aux autres clubs.

Pourquoi pas Aleksander ?

Mais ne soyons pas frileux, soyons généreux, soyons inventifs, soyons à la hauteur du défi.

Si le fair-play financier se mue en une taxe additionnelle en cas d'abus, même pour repartir cette

---

[1] « Fair-play financier, ces transferts qui profitent des failles du système », Denis Menetrier, France info : sport, 1er juillet 2020

[2] « Uefa's Alexander Ceferin : Football with fans will come back very soon », The Guardian, 19 mai 2020

somme vers les clubs les plus pauvres, cela ouvrira la possibilité définitive de payer pour dépenser plus. Et dans ces cas qui en profitera sinon déjà les clubs qui pratiquent la surenchère et sur investissent ?

« *Dis Aleksander ? T'es vraiment sûr de ton truc et de ta luxury tax* ? »

Si la mort du football n'est pas forcément pour demain, ce qui tuera le Jeu sera le triste désintérêt des supporters devant l'opulence des matchs, devant le projet mirifique d'une Ligue fermée, d'un football aux mains d'État et de fonds d'investissement terriblement nébuleux aux pratiques incertaines.

Le FPF doit devenir un nouvel instrument de régulation et de réelle transparence pour savoir qui investit, combien et comment dans l'acceptation de règles claires. Il doit être intimement lié à la maitrise de la masse salariale considérant les coûts des transferts et des salaires.

4. Avec une maitrise du coût des transferts

220 millions d'euros pour Neymar, passant du FC Barcelone au PSG, 180 millions pour M'Bappé, passant de l'AS Monaco au PSG, 135 millions pour Philippe Coutinho passant du FC Barcelone au FC Liverpool, 120 millions pour Joao Felix, passant du Benfica de Lisbonne à l'Atlético de Madrid, 120 millions pour Antoine Griezmann passant de l'Atlético de Madrid au FC Barcelone…

Nous pourrions continuer, à volonté. Sans satiété. Ces quelques transferts et leur montant illustrent, s'il le fallait, le poids de l'argent dans le football et la capacité des clubs à acheter et à vendre des joueurs comme une entreprise vend un objet.

« *Qui en veut, qui en veut* ? »

Cela n'a pas toujours été le cas.

Historiquement, lors de la période quasi amateure du football, les joueurs étaient « liés à vie » à leurs clubs, attachés pieds et mains à celui-ci sans pouvoir muter sauf à de rares exceptions et quasi uniquement sur décision du club, sans consentement impératif du joueur.

C'était aussi un moyen de pouvoir garder le joueur, sans qu'il manifestât de volonté de partir, et celui de limiter ses prétentions salariales puisque celui-ci n'avait pas de porte de sortie.

Une époque quasi bénie des Dieux pour nos amis Présidents de clubs.

En France, les joueurs doivent alors s'engager jusqu'à un âge avancé, 35 ans. Crépuscule de la carrière d'un champion du foot. C'est à ce titre qu'un des footballeurs les plus célèbres, le Grand Raymond Kopa, employa au début des années 60 le terme « *d'esclave* »[1] pour qualifier leur condition.

« *Mazette de mazette, heureusement que c'est pas moi qui le dit* ! »

« Dans le sillage de mai 68, les joueurs et leur syndicat obtiennent pour une période de 3 ans l'établissement du contrat à temps afin de les libérer de la sujétion dans laquelle ils étaient inscrits.

Malgré une dernière tentative des Présidents de Clubs de garder l'ancien système, les choses deviennent irréversibles comme dans toute révolution fussent-elles footballistiques. Une Révolution silencieuse pour les connaisseurs.

---

[1] Économie du football professionnel, Bastien Drut, « L'évolution juridique des contrats des joueurs », Collection repères La Découverte p.12, juin 2016

Le contrat à temps est définitivement adopté en France en 1972, il y a près de 50 ans[1]. »

Ainsi donc la liberté du contrat est d'abord la liberté du joueur, c'est-à-dire du salarié à rester dans le même club, si on lui propose un nouveau contrat ou de partir à la fin de celui-ci.

Pendant la période du contrat ? Le footballeur est tenu mais transférable via une compensation à déterminer en fonction de l'offre et de la demande.

« Le capitalisme quand même, quelle belle invention hein !? »

Cette première révolution changea donc pour les joueurs, mis au centre du système et du modèle sportif et économique. Ils devenaient un objet du désir permanent de tous les Présidents de Clubs peu désireux de payer chèrement les transferts mais absolument déterminés à vendre au plus offrant tous joueurs susceptibles de lui rapporter.

« *Vous me suivez ? I want my money back les amis!* »

Nous passions ainsi d'une situation dans laquelle le joueur était propriété du club avec un risque d'être payé moins que de passion, à une situation dans laquelle tout était possible, le joueur libre pouvant se vendre à qui avait de l'argent.

Ce modèle se généralise dans toute l'Europe avant de connaitre un nouveau tournant majeur en 1995.

Deuxième révolution, définitive celle-ci.

La règle voulait en effet qu'un joueur libre puisse partir mais que le club acquéreur acceptât de payer une indemnité. De plus, les règles nationales du football protégeaient « l'identité et la personnalité » des championnats européens en limitant le nombre d'étrangers

---

[1] Économie du football professionnel, Bastien Drut, « L'évolution juridique des contrats des joueurs », Collection repères La Découverte p.12, juin 2016

par clubs. Quand nous regardons aujourd'hui en France comme ailleurs, 25 ans plus tard, la composition des équipes de première et deuxième division, l'on reste un peu, beaucoup, à la folie, circonspect…

Imaginez François Mitterrand revenant de l'au-delà. Décédé le 8 janvier 1996, triste jour, François revient, malicieusement, du pays des limbes pour remettre la coupe de France entre le PSG et l'AS Monaco, 104éme édition. Jusque-là pas de souci.

Puis il découvrit que le PSG était devenu la propriété du Qatar, que celui-ci employait des joueurs d'horizons divers dans le 11 de départ : deux Italiens, un Brésilien, trois Argentins, un Allemand, un Portugais, deux Français, un Costaricien. C'est plus une équipe mais un puzzle, le melting-pot du football.

« *Dites donc mon cher Nasser, c'est bien comme cela que l'on vous appelle hein ? Dites-moi, c'est bien la finale de la coupe de France ?*

M'sieur le Président. Évidemment, on m'a obligé quand j'ai racheté le club avec le Qatar de participer à la coupe de France et même à la coupe de la ligue. Vous le croyez ça ?

Quand notre Président pensa tourner la tête vers le propriétaire de Monaco, il eut un instant de recul…

« *Bon, vous êtes qui vous ? Un Russe ? Non mais alors... J'aurais mieux fait de rester là où j'étais.* »

Que s'est-il donc passé ?

Tout à fait apocryphe, ce petit dialogue illustre les changements en moins de 30 ans qui ont affecté les championnats, notamment par l'arrêt Bosman.

« *Bosman ou comment un footballeur devint célèbre sans avoir eu vraiment de carrière. Il y en a quelques-uns comme ça dans l'histoire du foot mais Bosman quand même, incroyable* ! »

Sans le savoir, notre jeune ami permit aux joueurs de circuler librement en Europe. Et engendra, en l'absence de gardes fous, un système hyper spéculatif.

Pendant la saison 1994-95 inscrite dans toutes les mémoires du jeu, les Nantais survolent comme presque jamais le championnat avec Christian Karembeu, Patrice Loko, Reynald Pedros, Nicolas Ouedec et consorts. Deux seuls étrangers, le Nigérian Samson Siasa et le magique Japhet N'Doram.

25 ans plus tard, le PSG domine le championnat depuis l'OPA du Qatar, tout en perdant deux titres, glorieusement gagnés par As Monaco et le LOSC.

Rien n'a changé.

Tout a changé.

L'effectif des clubs est à l'image des changements opérés par et grâce à l'arrêt Bosman.

Le marché des joueurs constitue un marché du travail à part au sein duquel les règles de fonctionnement sont en partie différentes du droit du travail usuel. L'essentiel pour un club est simple à comprendre : monter la meilleure équipe possible avec les meilleurs joueurs.

Pas de CDI mais des CDD qui courent le temps du contrat et des règles de mutations internationales qui rendent les transferts limités jusqu'en 1995.

« À cette date la Cour de Justice des Communautés Européennes rend ce fameux arrêt Bosman, jugeant qu'il y a libre circulation des travailleurs à l'intérieur de la communauté et de ce fait considère que les indemnités de transferts en fin de contrat sont par définition une entrave à cette libre circulation.

Bosman était en 1990 sous contrat avec le RC Liège et souhaitait partir, le club exigea, puisqu'il était sous contrat, une indemnité de transfert. Il fit alors appel aux tribunaux pour se libérer et remettre en cause la légalité du système de transferts entre deux pays membres de l'UE et les règlements sur les clauses de nationalité qui « le bloquaient ».

La Cour de Justice des Communautés européennes rendit deux décisions décisives le 15 décembre 1995. La première sur l'application du droit communautaire relatif à la libre circulation des travailleurs à l'intérieur de la communauté alors que la spécificité du sport ne pouvait être invoquée dans la mesure où le sport de haut niveau est une activité commerciale[1]. »

La seconde sur le principe de non-discrimination qui interdisait de limiter à 3 le nombre de joueurs étrangers issus de la communauté évoluant dans un club.

« *De la nitroglycérine pure !* »

Tout cela entraina bien des conséquences. Une volatilité du marché des transferts puisque la clause de nationalité volait en éclat et une approche hyper spéculative puisque les clubs pouvaient maintenant, et plus que jamais, considérer les joueurs comme des actifs vendables et achetables.

Ainsi donc les clubs ont une furieuse tendance à considérer leurs joueurs comme des « actifs financiers » [2] et sont mécaniquement tentés, via le contrat à temps et le principe de libre circulation en faveur des joueurs, de les vendre avant l'échéance en cours. Ou de les augmenter contre une promesse de les vendre en prolongeant leur contrat.

L'arrêt Bosman a ainsi créé des pratiques éloignées de l'arrêt pris par la CIJE qui visaient à abolir les entraves à la mobilité des joueurs.

---

[1] Économie du football professionnel, Bastien Drut, « L'évolution juridique des contrats des joueurs », Collection repères La Découverte, juin 2016

[2] « Les joueurs constituent des actifs financiers, c'est le péril numéro un du football » Philippe Piat, Le Monde, 12 avril 2020

A priori, rien de mal puisque les joueurs s'y retrouvent, même des joueurs moyens, les clubs, les actionnaires pratiquant de plus en plus le trading sans compter les agents. Et au bout du bout la masse salariale des clubs enfla, enfla, enfla, gonflée par les appétits de tous pour tous.

De la même manière les indemnités de transferts dues pour racheter un joueur sous contrat connaissent, depuis plus de 30 ans des augmentations substantielles permettant aux clubs vendeurs de trouver dans leur *« capital joueur »* de quoi subsister. Les clubs formateurs en profitent régulièrement, même si nombre d'entre eux voient aussi leurs jeunes joueurs partir avant la signature de leur premier contrat professionnel.

« *Surtout au PSG diront les mauvaises langues. »*

Pour d'autres ayant plus les moyens, réels ou non, l'achat de joueurs est une opération sportive et économique permettant, grâce à leurs moyens, de se payer à peu près qui ils veulent pour n'importe quelle somme.

Une bulle financière prête à éclater lorsque la conjoncture est moins favorable.

La crise du COVID et celle des droits TV en France n'a fait qu'illustrer cette mécanique infernale.

Alors que faire ? Rien ?

Attendre que les événements se passent et que les plus faibles dépérissent et disparaissent comme dans les autres domaines de l'activité économique ?

« *Ah cette Liberté chérie* ! »

Les outils de régulation existent pourtant.

Une étude de 2018 de l'EDHEC[1] évoquait les pistes possibles pour une régulation des pratiques financières

---

[1] « Salaires et indemnités de transferts des joueurs de football, quels outils de régulation faut-il privilégier ? », EDHEC Business School Pôle de Recherche en Économie, Marnix Arnaud, Arnaud Chéron, Florian Pelgrin, janvier 2018

permettant un retour de compétitions plus ouvertes, plus incertaines comme celles du basket américain où les gagnants sont rarement les mêmes d'une saison à une autre.

Il faut encore souligner que le marché des joueurs est tout à fait propice à l'expansion des salaires et que celle-ci continuera et repartira après la crise du covid-19.

Les transferts pharaoniques se sont bien tassés pendant la crise pandémique, les joueurs partis libres à l'intersaison n'ont jamais été aussi nombreux et même les salaires ont été en partie renégociés, preuve s'il le fallait que la pression extérieure sur le petit monde du football n'était pas si faible que cela.

Au temps où le chômage augmentait, au temps où la mise en activité partielle se développait, l'indécence aurait été que Présidents, joueurs ou agents ne tirent aucune conclusion.

Pour autant ces mesures restent ponctuelles et circonstancielles.

Le fair-play financier reste limité, l'encadrement de la masse salariale est surtout un vœu pieux. On l'espère comme on prie la bonne mère pour une victoire de l'OM. Bref, cela ne fonctionne pas.

Nos amis de l'EDHEC proposent autre chose « en examinant ce qui se passerait si était instauré sur le marché des joueurs de football un dispositif de *salary cap* et, en même temps, un plafond défini sur une base incluant le salaire et l'indemnité de transfert. »

Est étudié en particulier le cas d'une contrainte de transferts fixée à un maximum de 12 millions d'euros prenant en compte l'indemnité de transfert et le salaire versé au joueur recruté. Alors « les joueurs recrutés perdent peu en salaire, mais les indemnités de transferts ont tendance à baisser d'environ 30 %. »

Ainsi ce type de plafonnement semble donc, selon les auteurs de l'étude, en mesure de réduire le montant des dépenses engagées par les clubs pour financer leur effectif.

Très concrètement, si les joueurs ne sont pas « intéressés » sur le montant de leur transfert, si les joueurs peuvent être rémunérés, décemment, à la hauteur de leur talent, il leur restera aussi également d'autres choix possibles que la seule motivation de l'argent.

La redécouverte de possibilités plus évidentes, liées aux couleurs du club, à son histoire, à la ville hôte du club, à l'affection et l'ardeur de supporters, à la volonté de joueur dans une équipe au beau jeu... tout en restant très correctement rémunérés.

Cerise sur le gâteau, on peut alors aussi espérer que la diversité des talents sera moins concentrée sur les principaux clubs, tant au niveau national qu'au niveau européen et que les compétions seront plus ouvertes que jamais.

Ce sera le retour de la glorieuse incertitude du sport dans le football pour un moindre coût et, peut-être aussi, le vrai retour des supporters prêts à s'enflammer pour un spectacle de qualité.

5. Et pour l'accès au spectacle ?

Les droits TV du foot ont explosé.

Puis implosé.

La farce tragicomique jouée par Mediapro et les autres acteurs, possédant partie des retransmissions, a mis dans le rouge quasi tout le monde.

Les opérateurs obligés de surenchérir pour espérer garder une partie de leurs droits, les clubs, principaux bénéficiaires, qui ont les yeux plus gros que le ventre, les téléspectateurs essorés comme des citrons et perdus dans l'offre éparse.

« *Damned. Dieu pour le coup s'est vraiment amusé comme jamais.* »

Le paysage audiovisuel du football, en France, sera ainsi bien différent pour la saison 2021 -22 et certainement pour les suivantes.

L'idéal évidemment est de ne rien faire.

C'est quand même très tentant.

« *Bah oui, un coup de malchance ça peut arriver. On purge la difficulté et ça va bien repartir comme avant non* ?

C'est ce qui est pratique avec le libéralisme, y a beau avoir des morts un peu partout, à la fin il y a quand même toujours quelqu'un de gagnant. Faut voir... »

Si les débats autour de la régulation du football sont plutôt féconds et récurrents, il existe peu de propositions sur celle qui pourrait être initiée sur la manière dont le football est retransmis à la télé et sur les différents supports numériques.

Certains s'y sont pourtant essayés. Sans que cela soit une réussite tout à fait flagrante, il est vrai.

En Argentine.

Il y a une dizaine d'années sous l'impulsion de l'ancien Président Nestor Kirchner et de Julio Grondona Président de la Fédération de Football argentine (AFA), nos deux compères mettent tout en œuvre pour nationaliser le football pour permettre à l'ensemble des supporters de voir gratuitement les matchs et en même temps aider les clubs du pays encore fragilisés par la situation économique du pays.

Coup double !

Jusqu'alors les droits TV en Argentine étaient détenus comme ailleurs par des groupes privés notamment le groupe Clarin, peu favorable au couple Kirchner.

Cristina Kirchner, devenue elle-même Présidente du pays, annonça en août 2009 que l'État allait assurer « la gratuité pour tous des retransmissions télévisées des matches de football »[1] jusqu'à maintenant réservées aux seuls abonnés du câble.

Il faut entendre les arguments de l'époque : « démocratiser l'accès au football au-delà de ceux et celles qui avaient les moyens de se payer les abonnements nécessaires », « aider les clubs à passer cette période difficile en leur assurant un contrat fiable ».

« *Du miel à nos oreilles non* ? »

Imaginez la scène transposée en France.

En 2022.

« *À l'initiative d'un candidat. De Gauche hein. Je vois mal les droitiers s'embarquer dans cette aventure. Mais bon on sait jamais avec Macron* ! »

À l'initiative du candidat de la Gauche unie donc, une proposition qui pourrait arranger tout notre petit monde football, rendre gratuit l'accès au championnat de France de football, Ligue 1 et Ligue 2 compris.

Imaginez ainsi la scène de rencontre entre le futur Président, s'il était élu, et son homologue de la Fédération Française de Football. L'incontournable menhir de Bretagne, le légendaire Noel le Graët.

« Dis Noel, j'ai une proposition à te faire. À toi et plus globalement aux Français. Si je suis élu, et tu sais que c'est bien parti puisque Macron a décroché dans les sondages, je rendrai l'accès au foot gratuit. »

« Euh... comment ça ? Gratuit ? Ça veut dire quoi ? Pas payant ? Du tout ? Mazette de mazette, ça va être la révolution ! Tu te prends pour Cristina Kirchner ou quoi ? Si tu es élu tu seras obligé de le faire, tu y as pensé ? Qui va payer ? Et nos clubs, comment ils vont régir ? Et les Présidents, ils m'ont me hacher menu, me ventiler, me disperser façon puzzle ! »

---

[1] « Kirchner promet la retransmission gratuite des matchs de football », France24, 21 août 2009

« Noel voyons, soit sérieux ! Tu me connais, les Français me connaissent. Je ne suis pas François Hollande quand même, ni Emmanuel Macron. J'ai envie de laisser une trace moi, d'avoir un vrai bilan. C'est une bonne base non ? Franchement je pensais que tu serais enthousiaste moi. Bon tu en parles à Nasser, au Qatar, au Russe de Monaco, et surtout, surtout, surtout à Aulas hein ! C'est un coup à ce qu'il se présente à la Présidence... tu le connais Jean Michel, un poil suspicieux hein ! »

« Franchement, tu abuses là. C'est un coup à me faire virer de ma Présidence de la fédé. Tu te rends pas compte toi, t'es juste candidat, tu rases gratis ! Et puis quand même, combien ? Combien t'es prêt à mettre pour nationaliser les droits TV des deux ligues ? Tu vas quand même pas tout diffuser sur Antenne 2 ? Pardon, France 2 ! »

« Noel !! Vraiment ! Tu me connais si mal que ça ? Je mettrai le juste prix et si tu veux mon avis, pas un milliard. Ça c'est sûr. Parce que des fois, quand tu vois les matchs de ligue, tu te dis que ça devrait être gratuit depuis longtemps. Mais bon, ça reste entre toi et moi hein ? Un coup à pas être élu. J'voudrais pas décevoir le peuple de Gauche ! Pour l'argent, on s'arrangera, pas de souci Noel ! Bon, on signe où ? »

Au temps de la sobriété heureuse, comment ne pas voir que ce monde-là, celui d'une économie du football et plus largement du sport, est tellement déconnecté de la réalité d'aujourd'hui et des enjeux qui sont les nôtres ?

À qui la faute ?

À l'État et aux gouvernements successifs qui se gardent bien d'intervenir sinon à admonester de manière bien aléatoire. À quand une régulation européenne des règles concurrentielles de « l'économie du football » associant l'Union européenne, via la commission européenne, les États et l'UEFA ?

Entend-on le silence assourdissant du ministre de l'Éducation, de la Jeunesse et des Sports, Jean Michel Blanquer et du Premier ministre, Jean Castex ?

À la Ligue et à la Fédération qui, détentrices des droits, aspirent au droit à mieux prospérer quitte à avoir finalement les yeux plus gros que le ventre. A quand une limite de la vente à la découpe, prélude, qui ne le voit, aux aspirations des clubs à gérer chacun, de manière individuelle leurs droits, prochaine étape inéluctable si l'on ne fait rien ?

Aux clubs, pris dans une course folle, aux transferts et aux rémunérations mais aussi au trading et aux emprunts, pour être au niveau de la concurrence, sans, pour autant, aucune garantie. Le cas du LOSC est symptomatique d'un modèle qui mérite d'être questionné. À quand une régulation des transferts et du montant excessif des salaires des joueurs ?

Ce qu'il s'est joué une nouvelle fois, c'est le développement d'un modèle ultra libéral du sport, sans règles et limites, permettant de renforcer le cercle vicieux : explosion des droits TV, explosion des salaires des joueurs, explosion du montant des transferts, explosion de la bulle spéculative…

Tout appelle à organiser de nouvelles règles à la double échelle européenne et nationale avant que l'économie du football n'explose et ne suscite non plus l'intérêt mais l'ignorance à travers la désaffection des publics.

« *Reviens Trotsky, ils sont devenus fous* ! »

6. Et pour lutter contre l'exploitation du football africain ?

Le football africain s'est lui aussi considérablement développé et a pris dans le concert des nations du ballon rond une place importante. La reconnaissance est passée à la fois par la promotion des compétitions, continentale, nationale et locale avec il est vrai, mais c'est aussi le cas en Europe, d'énormes disparités.

Mais qui peut contester la richesse et l'apport de l'Afrique, de ces clubs et joueurs ?

C'est ce qui a permis aussi, nous l'avons vu précédemment, l'exploitation des richesses du continent à travers sa ressource principale, les joueurs, quel que soit leur âge. Tout est bon, à ce jeu-là, celui des agents, des intermédiaires et des familles, pour construire le rêve d'une échappatoire à la misère.

Du vrai transfert, sérieux et encadré, financé et rétribué, au passage illégal de frontières tel des mineurs non accompagnés, tout est possible. Prospère, sans que des règles claires puissent réellement s'appliquer, ce marché glauque envoie de jeunes talents briller en Europe et en même temps des milliers de jeunes hommes qui seront pris dans l'étau d'un sport business dévastateur.

Entre légalité et illégalité, quel choix de destin reste-t-il vraiment aux jeunes footballeurs africains sinon de confier leur sort à un entregent moralement suspect ?

Tout pousse légitimement le jeune à partir.

Depuis l'arrêt Bosman tout a favorisé la création de ce vaste marché de joueur qui a procédé à « *l'exode des muscles* » [1] comme il y a aussi l'exode des cerveaux.

« *Le business avant tout mes amis.* »

---

[1] « Une taxe contre la misère du football africain ? » Wladimir Andreff, Afrique Contemporaine, Edition De Boeck supérieur, 2010

Ainsi donc les premiers départs se sont transformés en véritable exode, l'Afrique et notamment ses grands championnats ont été mis en coupe réglée favorisant l'arrivée partout en Europe et en particulier dans les cinq championnats de joueurs africains, notamment en France.

Dans le football professionnel français, un joueur étranger sur deux provient de pays africain.

Le phénomène est général. Et même les ligues de moindre importance ont, elles aussi, recours à une main-d'œuvre, bon marché, facilement exploitable. La littérature sportive et économique évoque souvent le cas de joueurs tel Mustapha Kessous[1], prit dans un engrenage et un étau valant exploitation.

Certains évoquent « *un marché aux esclaves* ».

Même si celui-ci consent à sa peine, même si celui est payé, même si certains réussissent, combien restent en définitive au bord de la route et surtout du terrain ?

Au regard des sommes investis sur le marché des footballeurs européens et sud-américains, tout le monde a bien compris que le joueur africain était un produit de substitution rentable.

À la fois sportivement et économiquement.

Pour les Présidents, pour les clubs, pour les équipes, pour les agents, pour les margoulins de toutes les espèces.

Alors ? Que faire ?

Wladimir Andreff dans une contribution pour la revue « Afrique Continentale », *l'Afrique, la mondialisation et le ballon rond* évoque quelques pistes sérieuses.

L'auteur dans sa contribution évoque le marché légal et souligne l'importance du marché parallèle « ce marché noir du travail sur lequel opèrent des réseaux d'agents de joueurs clandestins, non enregistrés. La grande majorité des joueurs mineurs transférés passe par ce marché illicite

---

[1] « Parcours d'un jeune Camerounais perdu dans la jungle du foot », Le Monde, 22 septembre 2009

dans lequel aucune règle légale ou administrative ne protège les joueurs d'éventuels comportements prédateurs d'agents hors la loi »[1].

Au-delà des situations connues et qui émeuvent peu, Wladimir Andreff propose « une taxe pour réguler l'exode des muscles ».

Le constat est là encore accablant.

Soit le joueur est régulièrement transféré mais à un prix qui ne couvre que partiellement les coûts de formation, soit le joueur est transféré à partir d'autres méthodes sans qu'aucun subside ne parvienne aux clubs et à la fédération du pays.

Bref, c'est perdant-perdant d'un côté. Et gagnant-gagnant de l'autre.

Wladimir Andreff propose ainsi une taxe Tobin du nom de l'ancien prix Nobel d'économie qui préconisait d'introduire une taxe sur les opérations de change internationales au motif qu'elles freineraient les mouvements de capitaux à court terme beaucoup trop rapides sur les marchés financiers mondiaux.

Cette taxe aurait plusieurs objectifs :

Couvrir au moins le coût de formation, payé par le club d'origine, de tout joueur transféré ensuite à l'étranger,

Devenir une incitation négative à ne pas transférer trop tôt le joueur,

Ralentir l'exode vers les championnats européens et maintenant asiatiques principaux pilleurs de talents,

Alimenter un fonds national permettant l'investissement local dans les équipements sportifs, leur entretien et plus largement le sport scolaire.

« L'idée est de prélever la taxe au taux de 1 % sur toutes les primes de transfert et des premiers salaires stipulés dans les contrats de travail signés par les joueurs.

---

[1] « L'Afrique, la mondialisation et le ballon rond », Wladimir Andreff, Afrique Continentale, Edition De Boeck supérieur, 2010

Le problème crucial du transfert du jeune joueur peut être pris en compte grâce à une taxation différenciée, moyennant une surtaxe frappant la valeur de la prime de transfert et des premiers salaires des jeunes joueurs. »

Une taxe non pour contraindre mais pour respecter le travail des structures existante, des clubs et fédérations tout en donnant des garanties aux joueurs et aux familles sur la légalité des transferts.

« *Bref, une bonne vieille taxe mes amis ! J'en vois déjà, nombreux qui s'étranglent de rage* ! »

Afin d'éviter toute captation indue de la taxe, la FIFA pourrait créer une commission particulière afin de gérer le processus de collecte, définir le montant évolutif de la taxe et trancher les contentieux prévisibles.

Dans tous les cas il faudrait que la transparence des transferts soit plus claire, et que la coopération entre pays d'accueil et pays de départ, entre clubs et fédérations prenne bien en compte le strict intérêt des joueurs avant toute autre considération.

« *Dieu est un Trader mais il faudrait quand même lui dire qu'il y a des limites !?* »

Épilogue

Le modèle économique du football, notamment européen, tient-il encore ?

Les évolutions ont été considérables en plus de 30 ans substituant le traditionnel modèle de financement, spectateurs, subventions, sponsoring et à échelle locale à un autre plus agressif et moderne autour des médias, du merchandising, du poids des milliardaires, vrais ou faux, et à échelle globale.

Bref si nos dirigeants d'hier revenaient, Fernand Sastre en tête, ils auraient peine à reconnaitre le monde du football qui a bien changé et s'est internationalisé, financiarisé et un peu quand même déshumanisé.

L'argent est omniprésent.

C'est le nerf de la guerre.

C'est la guerre des nerfs.

Un club, ça coûte.

C'est rarement rentable.

C'est rarement stable.

C'est devenu au niveau professionnel une PME avec des budgets qui gonflent, des salariés qui y travaillent et qui subissent les résultats comme dans n'importe quelle entreprise.

« *Bah oui quoi, un club de foot, c'est pas une œuvre de philanthropie quand même* ! »

« *Dis Arsenal, aucun souci à licencier 55 de tes salariés (en août 2020) au prétexte de la crise de la Covid pour les réinvestir dans l'équipe et les transferts* ? *Classe non ?* »

Quand le Messie arrive le 10 août 2021 à Qatarland, c'est en mondovision. Messie pleure un jour. Rit aux éclats le lendemain. « *Much ado about nothing mes amis.* »

Qu'a-t-on retenu de la crise de la Covid et de ses conséquences ?

Qu'a-t-on retenu de l'explosion puis de l'implosion des droits TV en France ?

Le fair-play financier va-t-il subsister ou être liquidé ?

Et la Ligue fermée, c'est pour quand ?

À quel prix le spectateur doit il payer ses billets et le téléspectateur ses abonnements ?

Le continent africain continuera-t-il à être pillé sans que peu s'en émeuvent ?

Dans 30 ans Noel le Great sera-t-il toujours Président de la FFF ?

Que deviendra le PSG après le départ du Qatar ?

Des dizaines de questions nous interrogent.

Sur le monde du football.

Pour ce qu'il est en réalité.

Un étonnant condensé de notre monde à travers ce que nous pouvons faire de meilleur et de pire. Il est notre altérité et notre transcendance, ce qui nous oppose et nous réunit.

Le football est cet arlequin aux pièces variées, aux couleurs chamarrées, aux épaisseurs incertaines, aux fragilités incontestables et qui pourtant glorifie notre condition d'hommes et de femmes.

Comme la culture, le sport fait de nous des hommes et des femmes debout, totalement certains de vivre.

Il réunit, il rassemble, il promeut, il est énergie et souffrance, il est rires et larmes, il est enfant et père, il est souvenir et madeleine, il est Saint-Etienne et Trinquan, Real de Madrid et Botafogo.

Dieu est un trader.

Mais il a aussi l'âme charitable.

Enfin, nous l'espérons…

Bibliographie

Le business des droits TV du foot, Enquête sur une bulle explosive, Pierre Maes, éditions FYP, mai 2019

Magique système, l'esclavage moderne des footballeurs africains, Barthélémy Gaillard et Christophe Gleizes, édition Marabout, décembre 2017

Les Français et l'argent, 6 nouvelles questions d'économie contemporaine, Sous la direction de Daniel Cohen et Claudia Senik, édition Albin Michel, 2021

Les tabous du foot, édition Solar, Pierre Rondeau, janvier 2019

Économie du football professionnel, édition La découverte, Bastien Drut, 2016

Luc Arrondel et Richard Duhautois, édition CEPREMAP, l'argent du football, 2018

Salaires et indemnités de transferts des joueurs de football, quels outils de régulation faut-il privilégier ? Marnix Arnaud, Arnaud Chéron, Florian Pelgrin, EDHEC Pôle Recherche Économie, janvier 2018

Structures éditoriales du groupe L'Harmattan

L'Harmattan Italie
Via degli Artisti, 15
10124 Torino
harmattan.italia@gmail.com

L'Harmattan Hongrie
Kossuth l. u. 14-16.
1053 Budapest
harmattan@harmattan.hu

L'Harmattan Sénégal
10 VDN en face Mermoz
BP 45034 Dakar-Fann
senharmattan@gmail.com

L'Harmattan Cameroun
TSINGA/FECAFOOT
BP 11486 Yaoundé
inkoukam@gmail.com

L'Harmattan Burkina Faso
Achille Somé – tengnule@hotmail.fr

L'Harmattan Guinée
Almamya, rue KA 028 OKB Agency
BP 3470 Conakry
harmattanguinee@yahoo.fr

L'Harmattan RDC
185, avenue Nyangwe
Commune de Lingwala – Kinshasa
matangilamusadila@yahoo.fr

L'Harmattan Congo
67, boulevard Denis-Sassou-N'Guesso
BP 2874 Brazzaville
harmattan.congo@yahoo.fr

L'Harmattan Mali
ACI 2000 - Immeuble Mgr Jean Marie Cisse
Bureau 10
BP 145 Bamako-Mali
mali@harmattan.fr

L'Harmattan Togo
Djidjole – Lomé
Maison Amela
face EPP BATOME
ddamela@aol.com

L'Harmattan Côte d'Ivoire
Résidence Karl – Cité des Arts
Abidjan-Cocody
03 BP 1588 Abidjan
espace_harmattan.ci@hotmail.fr

Nos librairies en France

Librairie internationale
16, rue des Écoles
75005 Paris
librairie.internationale@harmattan.fr
01 40 46 79 11
www.librairieharmattan.com

Librairie des savoirs
21, rue des Écoles
75005 Paris
librairie.sh@harmattan.fr
01 46 34 13 71
www.librairieharmattansh.com

Librairie Le Lucernaire
53, rue Notre-Dame-des-Champs
75006 Paris
librairie@lucernaire.fr
01 42 22 67 13

www.ingramcontent.com/pod-product-compliance
Lightning Source LLC
LaVergne TN
LVHW010934051026
849532LV00003B/981